Libertas -
Der Kampf der Plebs um soziale Gerechtigkeit

Textauswahl aus

Livius, ab urbe condita 1. Dekade

— mit Begleittexten —

Ausgewählt und kommentiert von

Meinhard Schulz

Ferdinand Schöningh · Paderborn

Printed in Germany

ISBN 3-506-10739-9

Inhaltsverzeichnis

Einleitung

1. Livius: Leben und Werk

Titus Livius wurde 59 v. Chr. in Padua geboren und starb auch dort, vermutlich 17 n. Chr. Er war also kein „echter" Römer. Außer der Tatsache, daß er mit dem Kaiser Augustus gut bekannt, wenn nicht befreundet war, ist aus seinem Leben wenig bekannt.
Sein Geschichtswerk mit dem Titel „ab urbe condita" reicht von der Gründung der Stadt Rom bis ins Jahr 9 v. Chr. Es war ein monumentales Werk in 142 Büchern. Davon sind jedoch nur Reste erhalten: die Bücher 1—10; 21—45. Der Inhalt der verlorenen ist uns durch bereits in der Antike angefertigte Inhaltsangaben bekannt. Offensichtlich war Livius bereits den alten Römern zu umfangreich und anspruchsvoll.
Was will uns Livius mit seinem Werk sagen? Einmal erzählt er die Geschichte des Konsuls Scipio, der im Kampf aus einer Lebensgefahr gerettet wurde. Dazu findet Livius zwei Versionen in seinen Quellen: Entweder war es „nur" ein Sklave, oder aber sein Sohn, der spätere Sieger über Hannibal, Scipio Africanus. Livius meint dazu: „Mir wäre es sehr angenehm, wenn die Geschichte mit dem Sohn wahr wäre." (XXI, 46, 10) Er gibt hier mit lächelnder Offenheit zu, wie wenig ihm daran liegt, ein „moderner" Forscher zu sein, der seine Quellen mit kriminalistischer Akribie untersucht. Livius will Streitfragen dieser Art nicht entscheiden, lebt er selbst doch viele Jahrhunderte später und ist auf seine Quellen angewiesen. Daher versucht er ihnen so weit wie möglich Glauben zu schenken. Ruhm und Ehre des römischen Volkes sind ihm dabei wichtiger, als eine peinlich genaue Darstellung.
Wer also Livius rein als historische Quelle benutzen will, wie dies früher geschah, der kann ihm triumphierend eine Fülle von Fehlern nachweisen.
So stimmt mitunter die Chronologie nicht, oder gleiche Ereignisse tauchen als „Doubletten" an anderer Stelle zu anderer Zeit wieder auf. Die römische Verfassung schildert er weitgehend aus der Sicht der späten Republik, aber darin unterscheidet er sich nicht von Roms anderen Historikern, z. B. Sallust.
Livius ist also als typischer Vertreter dieser Literaturgattung in die antike Geschichtsschreibung einzureihen.

So hat er auch das Recht und die Aufgabe, die jeweilige Situation anschaulich auszugestalten. Dazu gehört vor allem die frei erfundene Rede, oft auch in der indirekten Form. Livius läßt bei einem Rededuell gerne den einen in der direkten, den anderen Redner in der indirekten Rede sprechen.
All diese Dinge verweist der moderne Historiker in den historischen Roman, aber in der Antike ist diese strikte Trennung noch nicht erfolgt.
Wenn wir also Reden lesen, auch indirekte, so sind diese von Livius oder einer seiner Quellen frei erfunden und geben die Situation so wieder, wie sie nach Meinung des Autors hätte sein müssen. Die vielen Reden des Livius gelten als mustergültig und gut „organisch" in das Gesamtwerk eingepaßt.
Ist Livius also nicht mehr oder weniger als ein in griechischer Tradition stehender Geschichtsschreiber?

2. Livius, der Augusteer

Livius schreibt sein Geschichtswerk nach 100 Jahren Bürgerkrieg. In dem Grauen dieser Epoche ist Roms Republik untergegangen, weil sie mit den Problemen der neugewonnenen Weltherrschaft nicht fertig geworden war. Ein Mann, Caesars Erbe Octavian, den wir gewöhnlich als „Kaiser Augustus" bezeichnen, führt den Staat. Aber Augustus läßt sich weder wie Caesar zum Dictator ernennen, noch strebt er nach dem Königstitel (rex). Wenn wir ihn „Kaiser" nennen, so geht das lediglich auf den von Julius Caesar übernommenen Beinamen „Caesar" zurück. Die Griechen etwa schreiben es „kaisar".
Augustus leitet den Staat schlicht als „princeps senatus", also als Erster Senator. Seine Vorschläge gelten jedoch als bindend, da an seinem überragenden Privatvermögen, — ganze Provinzen gehören dem Kaiser —, an seiner Gewalt über die Legionen und der riesigen Klientenschar kein Weg vorbeiführt.
So stellt Augustus der äußeren Form nach die alte Republik wieder her, auch wenn sie innerlich ausgehöhlt ist. Der Princeps steht im Hintergrund, aber bei ihm laufen alle Fäden zusammen. Republikanische Ämter übernimmt er nach einiger Zeit keine mehr. (Er hat sie auch nicht nötig!) Er beansprucht lediglich die tribunicische Gewalt (tribunicia potestas) für sich, die ihn unangreifbar macht, ihn mit dem Schutz der Religion umgibt. (sacrosanctus)
Neben dieser (scheinbaren) politischen Erneuerung bemühte sich der Kaiser auch um eine moralische. Das Volk sollte sich wieder auf die alten Römertugenden zurückbesinnen. (Hier war Augustus zum Scheitern verurteilt!) Diese alten „virtutes" waren nach gängiger Auffassung (Sallust!) in dem Verlauf der

punischen Kriege erschüttert worden und im Jahrhundert der Bürgerkriege untergegangen.
Im Dienste dieser Erneuerungspolitik sah sich gewiß auch Livius, Roms erster bedeutender Historiker nach dem Bürgerkrieg. Livius ist ebenso wie die anderen „kaiserlichen“ Historiker (Tacitus, Sueton u. a.) ein Anhänger der Republik. Doch unterscheidet er sich vor allem in seinem Optimismus sehr scharf etwa von Tacitus. Wie kein anderer schildert und preist er die alten Römertugenden, die es in der Gegenwart nicht mehr gibt. Damit ist er Augusteer und stellt sich in den Dienst der moralischen Erneuerung. Er ist Republikaner, weil die angestrebten Ideale, die der Kaiser zu erneuern vorgibt, republikanische Ideale sind.
„Die Geschichte ist für Livius durchdrungen von einer unbegrenzten sittlichen Gesetzlichkeit.“ (Howald, Vom Geist antiker Geschichtsschreibung, Wissenschaftl. Buchgesellschaft, Darmstadt 1964, 184.) Livius zweifelt nicht daran, daß die virtutes verlorengegangen sind, aber er glaubt, sie könnten wiedergewonnen werden. „Et facere et pati fortia Romanum est“, läßt er in II, 12, 9 seinen Mucius „Scaevola“ sagen. Der Volkscharakter hat sich nicht geändert, man muß sich nur zurückbesinnen. „So ist er mit Vergil zusammen der eigentliche Vertreter augusteischer Geisteshaltung.“ (ebd.)

3. Quellen des Livius (nach: Der Kleine Pauly III, 696)

Livius war kein Geschichtsforscher im modernen Sinn, der alles verfügbare Material verwenden muß. Er entnahm vielmehr seinen Stoff meistens literarischen Quellen, besonders den sogenannten Annalisten. Diese hatten, gestützt auf die priesterlichen Annalen (Jahrbücher), mit großer Fantasie und Parteilichkeit, wenn sie von ihrer eigenen Familie berichteten, die römische Geschichte erstmals zusammenhängend niedergeschrieben. Zu gesicherten Ergebnissen konnte die Livius-Forschung jedoch nicht kommen, da diese Geschichtsschreiber fast vollständig verlorengegangen sind.
Livius übernimmt gewöhnlich das Material so, wie er es vorfindet und gestaltet es auf seine Weise aus. Nur gelegentlich weist er auf die Unterschiede seiner Quellen hin. So kommt es, daß sein Werk so manchen „technischen“ Fehler enthält, z. B. Doppelfassung des gleichen Ereignisses, wenn er „seinen“ Gewährsmann wechselt, chronologische Schnitzer usw. Hinzu kommt noch, daß Livius durch seinen Patriotismus zur einseitigen Berichterstattung neigt.
Die Geschichtsschreibung des 19. Jahrhunderts, die Livius rein als Quelle benutzen wollte, brachte eine verständliche aber

ungerechte Ernüchterung. Denn Livius verdient es vor allem, als Römer und als Schriftsteller gewürdigt und verstanden zu werden. So kommt es, daß man ihm heute wieder bei aller Zurückhaltung einen Platz unter den „Klassikern“ einräumt, ihn für einen der größten Schriftsteller hält.

4. Sein Stil

In Stil und Aufmachung seines Werkes ist Livius der griechischen Geschichtsschreibung verpflichtet. Außerdem dürfte ihm die Meinung Ciceros über Sinn und Aufgabe der Geschichtsschreibung bekannt gewesen sein. (Cic. de or. 2, 36. 51—64, leg. 1, 5—7) Livius strebt ständig nach Variation und liebt die dramatisch ausgestaltete Einzelsituation.
Sein Stil ist vor allem an Cicero ausgerichtet, von ihm übernimmt er den „klassischen“ Satzbau, den „klassischen“ Wortgebrauch, auch wenn er ihn gelegentlich durch poetische Ausdrücke auflockert. Auch „Modernismen“ der beginnenden Kaiserzeit sind nachweisbar.

5. Herrschaftsstrukturen der frühen Republik

Bereits die Sage von Romulus, — bei Livius ausführlich dargestellt —, berichtet, der Gründer Roms habe einen Senat („Ältestenrat“) einberufen. Dort versammelten sich die Oberhäupter der führenden Familien Roms, die „patres“, deren Nachkommen Patrizier (patricii) genannt wurden.
Viele patricische Familien waren etruskischer Herkunft, so auch ihr mächtigster, der sogenannte König (rex). Dieser war nur ein „primus inter pares“ und auf die Mitarbeit der übrigen patres angewiesen. Der König war also ein auf Lebenszeit gewählter „Präsident“. Seine Amtsbezeichnung (rex kommt von regere — lenken, leiten) weist ihn auch nur als Regierenden, Lenkenden aus, mehr nicht.
Selbstverständlich bedeutete ein solcher „rex“ auf Lebenszeit eine Gefahr für die Freiheit von Roms führenden Familien, und tüchtige Könige könnten die Macht der Patrizier zeitweilig eingeschränkt haben.
Daher arbeiteten die Patrizier auf eine Verfassungsänderung hin: Man wünschte sich einen Regierungschef mit kürzerer Amtszeit, der sich leicht kontrollieren ließe.
So nutzte man — nach der Sage — den durch die tyrannische Regierung des Tarquinius Superbus erregten Unmut aus, um das Königtum abzuschaffen. Amt und Titel wurden geradezu unter

Tabu gestellt, und noch Julius Caesar ist vielleicht daran gescheitert.
Die heldenhafte Vertreibung der Tarquinier war also nüchtern betrachtet nur die Absetzung des Staatsoberhauptes noch während seiner Amtszeit. Tarquinius hatte auch nicht die Macht, sich dagegen zu behaupten und ging, wie wir dies von modernen Präsidenten gewohnt sind —, ins Exil.
Seit dieser Zeit wählten die Patrizier jährlich die Regierung neu. Der Senat hatte gewonnen, denn der regierende Beamte mußte die Anweisungen des Senates, die man in vornehmer Zurückhaltung ,,Ratschläge" nannte (senatus consultum), strikt befolgen, wenn er nicht nach Ablauf seines Jahres politisch erledigt oder gar unter Anklage gestellt sein wollte.
Livius, der die spätere Verfassung auf Roms Anfänge überträgt, nennt die höchsten Beamten ,,Konsuln" (consules). Es sollen jedes Jahr zwei gewählt worden sein. In Notzeiten wählte man einen Dictator, der allein alle Macht übernahm.
An dieser Darstellung bestehen jedoch begründete Zweifel. Livius selbst weist darauf hin (III, 55, 12), daß dieser Beamte ,,praetor" (von prae-ire: der [Heer-]Führer) genannt wurde. Über die Zahl der gewählten Prätoren gehen die Meinungen auseinander. Vermutlich gab es mehrere, von denen jedoch einer die oberste Macht besaß. Nach Livius VII, 3, 5 könnte sich alle militärische und zivile Gewalt in der Hand eines ,,Obersten Praetors" (praetor maximus) vereinigt haben. Dafür spricht auch die Unwahrscheinlichkeit, daß das kleine Städtchen Rom gleich zwei Heere mit zwei Oberkommandierenden (praetores) gehabt haben soll. Die übrigen Praetoren, — falls es sie gab —, könnten als Unterführer (Offiziere) gedient haben.
In späterer Zeit, Rom war inzwischen mittelitalische Großmacht —, nach Einführung des Konsulates wurde der Prätur die militärische Kommandogewalt genommen. Der Praetor war fortan Roms oberster Richter.
Wenn Livius bei der Schilderung von Roms frühester Geschichte sehr oft von der Wahl eines Dictators spricht, so könnte damit der Praetor gemeint sein, denn die ehemalige Prätur und die spätere Dictatur gleichen sich im Machtumfang. Der Konsulat ist wohl ähnlich zu sehen.
Roms Adel, in Curien (co-viriae = Männergesellschaften) gegliedert, bestimmte allein die Beamten und beschloß die Gesetze auf den Curiat-Comitien, der Adelsversammlung. (comitium von co-ire = zusammenkommen) Der bekannteste Versammlungsort war das ,,Rathaus", die ,,curia". (,,Männerhaus")
Für Frauen war in der Politik kein Platz, und die große Masse (plebs) des übrigen Volkes hatte nicht mitzureden.

6. Sozialstrukturen im patrizischen Rom

Alle Bewohner der Stadt bilden das Volk (populus Romanus). Sklaven sind noch kein Faktor der Entwicklung wie in der späten Republik. Alle Bürger (cives) besitzen die persönliche Freiheit, was immer man darunter verstehen mag, aber nur eine Minderheit bestimmte die gesamte Politik. Diesen Adel nannten die Römer „patricii", abgeleitet von „patres", die Väter. An der Spitze der jeweiligen adeligen Großfamilie (gens) stand nämlich mit ungeheurer Macht ausgestattet der „pater familias", der mit seiner väterlichen Macht („patria potestas") allein das Geschick seiner Untergebenen bestimmte. Er lenkte aber auch das Geschick einer gewissen Anzahl von Kleinbauern, deren Familien in Form der Klientel („clientela") vom „pater" abhängig waren. Man nannte sie Klienten. (clientes, abgeleitet von dem archaischen Wort cluere = gehorchen oder clinare — anlehnen = Schutz suchen). Ihr mächtiger Schutzherr wurde von ihnen „patronus" genannt. Die Klientel (clientela) kann also aus der Sicht des Herrn auch Patronat (patronatus) genannt werden.
Woher die Klienten stammen, läßt sich mangels Quellen nur vermuten. Sie waren jedenfalls ebenso wie der Senat, das höchste Gremium der Patrizier, schon in der Königszeit vorhanden und übertrafen an Zahl die Patrizier weitaus.
Das Verhältnis Patron — Klient ist seltsam unbestimmt und zunächst nicht „gesetzlich" geregelt. Man geht von einer wechselseitigen Treue (fides) aus. Das bedeutet aber, daß dem wirtschaftlich mächtigeren Patron zahlreichere Pflichten zufallen. Man erwartet von ihm, daß er seinen Klienten vor Gericht vertritt, — daher unser heutiger Begriff „Klient" —, denn auch das Gerichtswesen wird ausschließlich von den Patriziern (den Priestern) beherrscht. Er wird ihm in Notzeiten unter den Arm greifen, um ihn vor dem Untergang zu bewahren. Außerdem wird er ihm bei allen Rechtsgeschäften zur Seite stehen, denn ohne den Patron konnte der Klient keine gültigen Geschäfte abschließen, so wollte es der Brauch.
Ebenso hat der Klient seinem Patron jede mögliche Unterstützung zu gewähren, besonders in der Politik.
Verletzte ein Teil seine „fides", so konnte er gesellschaftlich geächtet und damit wirtschaftlich ruiniert werden.
Zu Beginn des sozialen Konflikts (Ständekampf) scheinen die „patres" ihre Treuepflicht nicht mehr recht ernstgenommen zu haben, denn Schuldner werden in die Sklaverei weggeführt.
Neben den Patriziern und deren Klienten gibt es noch eine dritte Gruppe im Staate: Es sind die unabhängigen Bauern, also keine Klienten. Diesen gelang es, wenn sie tüchtig waren, wirtschaftlich einen beachtlichen Aufstieg zu erreichen und eigene Familien (gentes) zu bilden. Sie gewannen eigene Klienten und standen an Reichtum den Patriziern teilweise nicht mehr nach (z. B. die

Licinii). Ihre Forderung, an der Staatsmacht beteiligt zu werden, wurde jedoch von den Patriziern abgewiesen. Kein nicht-patrizischer Bürger durfte in eine patrizische Familie einheiraten (Verbot des „conubium").

Die Opposition dieser aufstrebenden Familien gegen den patrizischen Staat steigert sich allmählich, da ihnen aus ihrer Sicht völlig zu Unrecht die politische Gleichberechtigung verweigert wird. Sie stellen sich also immer deutlicher auch an die Spitze der Mitbürger, die um ihre wirtschaftliche Existenz fürchten müssen und gewinnen so die im Kampf benötigten Anhängerscharen. Die Patrizier aber beharren auf ihrer Position und weigern sich, die sich ändernde bzw. die geänderte soziale Lage anzuerkennen und zu berücksichtigen. Verächtlich bezeichnet man unterschiedslos sämtliche Nicht-Patrizier als „plebei", Plebejer. Ihren politischen Stand nennt man „plebs". (vermutlich abgeleitet von plere — füllen; also: „füllende Masse"). Wer nicht als Patrizier das Licht der Welt erblickt hat, muß sein Leben lang Plebejer bleiben. So standen sich schon kurze Zeit nach Abschaffung der Monarchie in Rom beide Gruppen feindlich gegenüber. Dies führte nach römischer Überlieferung zu einem über hundertjährigen sozialen Konflikt, den man gewöhnlich als „Ständekampf" bezeichnet.

Im Feuer dieses Ständekampfes wurde Roms „klassische" Republik geschmiedet.

Erstes Kapitel: Der Weg zum Volkstribunat

1. Die Schuldknechtschaft führt zu einem ersten Massenaufruhr (II, 23)

23 Sed et bellum Volscum imminebat et civitas secum ipsa
discors intestino inter patres plebemque flagrabat odio,
2 maxime propter nexos ob aes alienum. Fremebant se, foris
pro libertate et imperio dimicantes, domi a civibus captos
et oppressos esse, tutioremque in bello quam in pace et
inter hostes quam inter cives libertatem plebis esse; invidiam-
que eam sua sponte gliscentem insignis unius calamitas
3 accendit. Magno natu quidam cum omnium malorum suo-
rum insignibus se in forum proiecit. Obsita erat squalore
vestis, foedior corporis habitus pallore ac macie perempti;
4 ad hoc promissa barba et capilli efferaverant speciem oris.
Noscitabatur tamen in tanta deformitate, et ordines duxisse
aiebant, aliaque militiae decora volgo miserantes eum
iactabant; ipse testes honestarum aliquot locis pugnarum
5 cicatrices adverso pectore ostentabat. Sciscitantibus unde
ille habitus, unde deformitas, cum circumfusa turba esset
prope in contionis modum, Sabino bello ait se militantem,
quia propter populationes agri non fructu modo caruerit,
sed villa incensa fuerit, direpta omnia, pecora abacta, tri-
butum iniquo suo tempore imperatum, aes alienum fecisse.
6 id cumulatum usuris primo se agro paterno avitoque exuisse,
deinde fortunis aliis; postremo velut tabem pervenisse ad
corpus; ductum se ab creditore non in servitium, sed in
7 ergastulum et carnificinam esse. Inde ostentare tergum

ÜBERSETZUNGSHILFEN

1. **intestino . . . odio** — innerer (gegenseitiger) Haß; **nexus ob aes alienum** — ein wegen Schulden (aes alienum) gebundener = Schuldknecht.

2. **fremere** — schreien; **dimicare** — kämpfen; **invidia** — Haß;

gliscere — glimmen; **accendere** — anzünden, in Flammen setzen.
Konstr.: fremebant:
a) se pro . . . dimicantes domi a civibus captos et oppressos esse;
b) et *tutiorem*
in bello quam in pace
inter hostes quam inter cives
libertatem plebis esse

3. **magno natu** („von großer Geburt") = alt; **obsitus** — besetzt, bedeckt (obserere = besäen); **squalor** — Schmutz; **foedus** — scheußlich; **pallor** — Blässe; **macies** — Auszehrung; **perimere, -imo, -emi, -emptum** — vernichten, töten.

4. **promissa barba: promittere** — vorwärts wachsen lassen; **efferare** — verwildern (ferus!); **deformitas** — Entstellung; **ordo** — (Kampf-)reihe; **volgo** (vulgo) allgemein (vulgus!); **iactare** — rühmen; **aliquot** — einige; **cicatrix** — Narbe; **adversus** — zugewandt, vorne.

5. **sciscitari** — etwas zu erfahren suchen; **contio** (convenire): — Volksversammlung; **populatio** — Plünderung; **carere:** mit Ablativ!; **diripere** — plündern; **tributum** — Steuer; **iniquus** — ungünstig.

6. **usurae** — Zinsen; **exuere** — ausziehen, berauben; **tabes** — Seuche; **creditor** — Gläubiger; **ergastulum** — Arbeitshaus, Zuchthaus; **carnificina** (caro!) — Martern, Foltern; „Folterkammer".

KOMMENTAR

1. **discors:** Erst hier erwähnt Livius die schlechte Lage der Plebs als Ursache für die Uneinigkeit der Stände. **nexos ob aes alienum:** nexum = Darlehensvertrag. Der Schuldner verpfändet seine Person für den Fall der Nicht-Erfüllung der Rückzahlung zum vereinbarten Termin. Er verliert seine persönliche Freiheit, und es bleibt ihm nur noch das Recht, Kriegsdienst zu leisten. Ein derart entrechteter Mensch heißt: „nexus ob aes alienum".

4. **ad hoc** steht bei Livius häufiger an Stelle von **praeterea. efferare:** Am Bart selbst ist nichts auszusetzen. (Erst später rasierte man sich). Mit dem Wort efferare wird auf den Zustand der Haartracht hingewiesen.

6. **cumulatum usuris:** Zahlte ein Schuldner die fälligen Zinsen nicht, so wurden sie am Jahresende zum Kapital dazugeschlagen. Der Zinsfuß war gesetzlich nicht geregelt.

AUFGABEN

1. **discors:** Benennen Sie Gründe für die relativ späte Erwähnung der „sozialen Frage" durch Livius!

3./4. Beurteilen Sie die Bedeutung der anschaulichen Beschreibung des alten Mannes!

6. **cumulatum usuris:** Beschreiben Sie das damals übliche „Zinsrecht"! Warum nehmen Bauern überhaupt Kredite auf? Welche Folgen hat das „Zinsrecht"?

foedum recentibus vestigiis verberum. Ad haec visa auditaque clamor ingens oritur. Non iam foro se tumultus tenet, sed
8 passim totam urbem pervadit. Nexi, vincti solutique, se undique in publicum proripiunt, implorant Quiritium fidem. Nullo loco deest seditionis voluntarius comes; multis passim agminibus per omnes vias cum clamore in forum curritur.
9 Magno cum periculo suo qui forte patrum in foro erant in
10 eam turbam inciderunt; nec temperatum manibus foret, ni propere consules, P. Servilius et Ap. Claudius, ad comprimendam seditionem intervenissent. At in eos multitudo versa
11 ostentare vincula sua deformitatemque aliam. Haec se meritos dicere, exprobrantes suam quisque alius alibi militiam; postulare multo minaciter magis quam suppliciter ut senatum vocarent; curiamque ipsi futuri arbitri moderatoresque
12 publici consilii circumsistunt. Pauci admodum patrum, quos casus obtulerat, contracti ab consulibus; ceteros metus non curia modo sed etiam foro arcebat, nec agi quicquam per
13 infrequentiam poterat senatus. Tum vero eludi atque extrahi se multitudo putare, et patrum qui abessent, non casu, non metu, sed impediendae rei causa abesse, et consules ipsos
14 tergiversari, nec dubie ludibrio esse miserias suas. Iam prope erat ut ne consulum quidem maiestas coerceret iras hominum, cum incerti morando an veniendo plus periculi contraherent, tandem in senatum veniunt. Frequentique tandem curia non modo inter patres sed ne inter consules quidem ipsos satis
15 conveniebat. Appius, vehementis ingenii vir, imperio consulari rem agendam censebat; uno aut altero arrepto, quieturos alios: Servilius, lenibus remediis aptior, concitatos animos flecti quam frangi putabat cum tutius tum facilius esse.

ÜBERSETZUNGSHILFEN

7. **recens** — frisch; **verber** — Peitschenhieb; **passim** — weit und breit.
8. **vinctus** — **solutus:** gefesselt — ungefesselt; **undique** — von allen Seiten; **comes** — Begleiter, „Mitläufer".
10. **foret** = **esset; temperare** — sich mäßigen, zurückhalten; **ni = nisi; vinculum** (vincire!) Fessel; **deformitas** —Verunstaltung.
11. **mereri** (Depon.) verdienen; **exprobrare** — vorwurfsvoll aufzählen; **minax** — drohend; **supplex** — bittend; **arbiter** —Schiedsrichter.

12. **infrequentia** — Unvollständigkeit.
13. **eludere** — verspotten; **extrahere** — hinhalten; **tergiversari** — den Rücken (tergum) zukehren (vertere!) = Ausflüchte machen; **ludibrium** — Gespött (e-ludere!) **esse mit Dativ:** „dienen zu".
14. **morari** — zögern; **convenit** — man ist sich einig
15. **arripere** (rapere!) — verhaften; **concitare** — beruhigen; **flectere** — beugen, „umstimmen"; **cum ... tum** — sowohl — als auch besonders, nicht nur — sondern vor allem.

KOMMENTAR

12. **per infrequentiam:** die genaue Zahl ist nicht bekannt.
13. **nec dubie:** Sonst üblich: haud dubie. Nach Quintilian (2, 14, 2) ist die Form „nec dubie" nachklassisch.
14. **prope est, ut ...** häufige Wendung bei Livius.

AUFGABEN

7. **verbera** etc.: Der Schuldknecht muß die Folgen der von ihm „freiwillig" eingegangenen Verpflichtung nun tragen: Gefängnis und Zwangsarbeit. Wie beurteilt die führende Schicht Roms, die „patres", das Nicht-Bezahlen von Schulden?
11. **haec se meritos:** wie ist dieser Ausruf zu verstehen?
14. **tandem ... tandem:** Wozu dient die Wiederholung?
prope est, ut ... Welchen Zweck hat diese Wendung?

Kontrasttext

Jochen Bleicken, Ursachen der Ständekämpfe

(aus: Jochen Bleicken, Rom und Italien, in: Propyläen Weltgeschichte. 4. Bd. Rom und die Römische Welt. Propyläen Verlag, Berlin-Frankfurt-Wien 1962. S. 60—61 [gekürzt])

Der Ständekampf hatte seinen Ursprung in bestimmten Veränderungen der römischen Sozialstruktur. Das beherrschende Element der frühen Gesellschaft Roms war die Familie mit dem alleinigen Oberhaupt, dem *pater familias*. Neben den freien Bürgern, den Patriziern, gab es keine Freien mehr. Allmählich bildete sich aber eine weitere Schicht heraus, die weder Sklaven noch Patrizier waren: die Plebejer (von *plere*, füllen), eine Bezeichnung, die sie einfach als Masse den Patriziern gegenüberstellte. Obwohl frei ihrem personenrechtlichen Stand nach, standen sie praktisch in einem Abhängigkeitsverhältnis zu den Häuptern der Familien. Sie waren weder privatrechtlich den Patriziern gleichgestellt, noch hatten sie irgendwelche politischen Rechte. Nur die Patrizier waren im eigentlichen Sinne Bürger (*quirites*, davon wahrscheinlich *civis*), die Plebejer, Klienten, wie sie die Römer nannten, standen außerhalb des bürgerlichen Rechtskreises. Als Schutzbefohlene der patrizischen Geschlechter waren sie an das patrizische Geschlecht, dem sie angehörten, gebunden. Deshalb waren sie auch unfähig, ein eigenes (plebejisches) Geschlecht zu gründen. Sie standen als besondere Gruppe innerhalb des Geschlechts; alles, was sie besaßen, Ehe, Boden und sonstige Habe, besaßen sie nicht kraft eigener Persönlichkeit, sondern allein vermittels des Geschlechts, dem sie zugehörten. Ihre Stellung war, wenn auch natürlich durch die Moral der Zeit geschützt, prekär und jederzeit widerruflich. Da sie keinen Anteil am bürgerlichen, also patrizischen Rechtskreis hatten, war ihnen auch jede Einheirat (*conubium*) in das patrizische Geschlecht verwehrt; ja, sie konnten nicht einmal kraft eigener Persönlichkeit ein Rechtsgeschäft abschließen, da alles Recht nur für den Patrizier galt: bei diesen Geschäften brauchten sie einen patrizischen Patron, der sie auch vor Gericht vertrat . . .
Das auslösende Moment für den Ständekampf aber fand sich in der Tatsache, daß sich diese neue soziale Schicht, die Plebs, ihrer selbst bewußt wurde. Dieses Bewußtsein stellte sich nicht von ungefähr ein. Erst die Schwere der vor allem militärischen Lasten, welche der Staat den Plebejern auferlegte, mußte ihnen das Mißverhältnis zwischen ihren Leistungen für den Staat und

ihrem politischen und sozialen Status deutlich vor Augen führen ...

Die Forderungen, die in den Reihen der Plebejer laut wurden, entsprachen denn auch ihrer sozialen Lage: sie zielten sowohl auf den Erwerb politischer Rechte als auch auf die privatrechtliche Gleichstellung mit den Patriziern. Und da das neue Selbstbewußtsein der Plebejer in ihrer Eigenschaft als Kämpfer in der Phalanx wurzelte, waren ihre ersten Ansprüche ganz von dem Stolz auf ihre militärischen Leistungen getragen.

Aufgaben

1. Versuchen Sie bitte, die Gemeinsamkeiten und Unterschiede in der Darstellung beider Autoren zu finden und die Gründe dafür zu benennen!
2. Welche Rolle spielen die Kriege Roms bei der Veränderung der sozialen Lage der Plebs?
3. Wie stellen Sie sich eine Lösung des Problems vor?

2. Vorübergehende Eintracht (II, 24)

24 Inter haec maior alius terror: Latini equites cum tumul-
tuoso advolant nuntio Volscos infesto exercitu ad urbem
oppugnandam venire. Quae audita—adeo duas ex una
civitate discordia fecerat—longe aliter patres ac plebem ad-
2 fecere. Exsultare gaudio plebes; ultores superbiae patrum
adesse dicere deos; alius alium confirmare ne nomina darent;
cum omnibus potius quam solos perituros; patres militarent,
patres arma caperent, ut penes eosdem pericula belli, penes
3 quos praemia, essent. At vero curia, maesta ac trepida
ancipiti metu et ab cive et ab hoste, Servilium consulem, cui
ingenium magis populare erat, orare ut tantis circumventam
4 terroribus expediret rem publicam. Tum consul misso senatu
in contionem prodit. Ibi curae esse patribus ostendit ut con-
sulatur plebi; ceterum deliberationi de maxima quidem illa
sed tamen parte civitatis metum pro universa re publica
5 intervenisse; nec posse, cum prope ad portas essent, bello
praeverti quicquam, nec, si sit laxamenti aliquid, aut plebi
honestum esse, nisi mercede prius accepta, arma pro patria
non cepisse, neque patribus satis decorum per metum potius
quam postmodo voluntate adflictis civium suorum fortunis
6 consuluisse. Contioni deinde edicto addidit fidem quo edixit
ne quis civem Romanum vinctum aut clausum teneret, quo
minus ei nominis edendi apud consules potestas fieret, neu
quis militis, donec in castris esset, bona possideret aut ven-
7 deret, liberos nepotesve eius moraretur. Hoc proposito
edicto, et qui aderant nexi profiteri extemplo nomina, et
undique ex tota urbe proripientium se ex privato, cum reti-
nendi ius creditori non esset, concursus in forum ut sacra-
8 mento dicerent fieri. Magna ea manus fuit, neque aliorum
magis in Volsco bello virtus atque opera enituit.

ÜBERSETZUNGSHILFEN

1. **tumultuosus** — verwirrend, beunruhigend; **infestus** — feindlich.
2. **exsultare** — jubeln; **ultor** — Rächer; (von ulcisci!) **perire** — untergehen; **penes** — bei.

3. **trepidus** — ängstlich; **anceps** — „doppelköpfig", zweifach; **expedire** — befreien.
4. **esse mit dopp. Dativ:** vgl. II, 23; **deliberatio** — Überlegung.
5. **laxamentum** — Erleichterung; **postmodo** — nachher;
Konstruktion:

a) n e c p o s s e
 cum hostes prope ad portas essent,
 b e l l o p r a e v e r t i q u i c q u a m
b) n e c
 si sit laxamenti aliquid
 a u t p l e b i h o n e s t u m e s s e.
 nisi mercede prius accepta
 arma pro patria non cepisse
c) n e q u e p a t r i b u s s a t i s d e c o r u m (esse)
 per metum potius quam postmodo voluntate
 adflictis civium suorum fortunis consuluisse.

6. **fides** — Beglaubigung.
7. **profiteri** — bekennen = „sich zum Kriegsdienst melden"; **sacramentum** — Eid, „Fahneneid" (des Soldaten).
8. **manus** — Truppe („Handvoll"); **enitere** — hervorglänzen, hervorleuchten.

KOMMENTAR

4. Die Rede des Konsuls wird hier indirekt zitiert. Doch gilt für diese Wiedergabe das gleiche, wie für die direkte Rede: Der antike Historiker hat das Recht, jederzeit Reden frei zu erfinden, wenn sie nur der Situation entsprechen. Häufig werden diese Reden auch bewußt als frei erfunden hingestellt, indem der Hinweis vorangestellt wird, . . . habe eine Rede „dieser Art (huius modi)" gehalten. Die moderne Geschichtswissenschaft hat diese Methode in den historischen Roman verbannt.
6. **edicto, quo edixit:** bei Livius häufige Wendung, die den amtlichen Charakter betont.
7. **qui aderant nexi:** Sie waren bereits ein „nexum" eingegangen und wohl bereits in Gefahr, aber sie waren noch in Freiheit. Die „proripientes" hingegen waren längst in „Schuldhaft".

AUFGABEN

1. Warum wird „terror" hier ohne Prädikat konstruiert?
2. **exsultare** etc.: Droht dem Gesamtstaat nicht der Untergang? Warum freuen sich die Plebejer so überschwenglich?
3. **at vero:** doppeltes „aber". Warum? **magis populare:** als wer?
4. Achten Sie auf die Wortstellung: m a x i m a quidem — i l l a, — sed tamen — p a r t e: Warum wurde hier das sonst nachstehende „quidem" vor das „illa" gezogen? Wozu dient das scheinbar überflüssige „illa"?

6. Untersuchen Sie, welche ,,Rechte" des Gläubigers vorübergehend außer Kraft gesetzt werden sollten und rekonstruieren Sie daraus das (ungeschriebene) Schuldrecht!

7. **nexi** etc.: Die Schuldknechte sind eigentlich freie römische Bürger. Als Plebejer gehören sie zur Clientela irgendeines ,,patronus". Beurteilen Sie das Verhalten dieser ,,Schutzherren!"

8. **ea manus** etc.: Wie beurteilt Livius diese Truppe? Warum haben diese Plebejer so tapfer gekämpft?

ALLGEMEINE AUFGABE ZUM GESAMTEN KAPITEL

Wie steht Livius zum Problem des Schuldrechts etc.?

3. Das Volk wird sich seiner Macht bewußt (II, 27)

27 Fusis Auruncis, victor tot intra paucos dies bellis Romanus promissa consulis fidemque senatus exspectabat, cum Appius et insita superbia animo et ut collegae vanam faceret fidem, quam asperrime poterat ius de creditis pecuniis dicere. Deinceps et qui ante nexi fuerant creditoribus tradebantur
2 et nectebantur alii. Quod ubi cui militi inciderat, collegam

ÜBERSETZUNGSHILFEN

1. **fundere** — vertreiben; **tot** — so viele; **promissa fidemque** — Erfüllung aller Versprechen; **nectere** — in Schuldhaft nehmen.

KOMMENTAR

1. Romanus steht für den im Heer dienenden Soldaten. **promissa fidemque** (Hendiadyoin) — Erfüllung aller Versprechen. **insita superbia:** Die Claudier galten zu allen Zeiten als extrem adelsstolz. Vgl. Tac. ann. I, 4 über Tiberius: „sed vetere atque insita Claudiae familiae superbia . . ." So galten die Claudier meist als Gegner der Plebs, und noch Kaiser Tiberius, mütterlicherseits wie väterlicherseits ein Claudier, machte sich unbeliebt, als er die Gladiatorenspiele nicht besuchte. (Kornemann, Tiberius, Stgt. 1960, bes. S. 117 ff.) Die Claudier waren der Sage nach zu Beginn der Republik aus dem Sabinerland nach Rom eingewandert. „Die Angehörigen ihrer Familie waren meist höchst eigenwillige, querköpfige Edelleute, die dabei auf allen Gebieten zum Radikalismus neigten. Unter ihnen waren oft auch asoziale Einspänner." (Kornemann, a.a.O. 14). Diese ausführlichen Anmerkungen, weil uns noch weitere Claudier begegnen werden. Daß Appius sich gegen seinen Kollegen derart durchsetzen kann, widerspricht m. E. der traditionellen These von den zwei Konsuln. Wäre Servilius wirklich gleichberechtigt gewesen, hätte er durch Interzession jede Amtshandlung des Kollegen zu Fall bringen können.

So nimmt die moderne Forschung mittlerweile stark an, daß nur ein Beamter die Stelle des vertriebenen Königs einahm, der als „Prätor" an der Spitze des Heeres stand (entstanden aus praeire). Der Konsulat sei erst während des sogenannten Ständekampfes entstanden. Also wurde die römische Verfassung nicht von klugen Männern erdacht und erfunden, sondern sie entwickelte sich ganz allmählich. (Vgl. Bleicken, Propyläen-Weltgeschichte S. 68.)

AUFGABEN

1. Warum nennt Livius den Soldaten hier „Romanus" ?
Nennen Sie Gründe dafür, daß Livius die römische Verfassung „statisch" sieht, während wir in ihr eine „dynamische" Entwicklung zu erkennen glauben!

appellabat. Concursus ad Servilium fiebat; illius promissa
iactabant; illi exprobrabant sua quisque belli merita cica-
tricesque acceptas. Postulabant ut [aut] referret ad senatum,
[aut] ut auxilio esset consul civibus suis, imperator militibus.
3 Movebant consulem haec, sed tergiversari res cogebat;
adeo in alteram causam non collega solum praeceps erat
sed omnis factio nobilium. Ita medium se gerendo nec plebis
4 vitavit odium nec apud patres gratiam iniit. Patres mollem
consulem et ambitiosum rati, plebes fallacem, brevique
5 apparuit aequasse eum Appi odium. Certamen consulibus
inciderat, uter dedicaret Mercuri aedem. Senatus a se rem
ad populum reiecit: utri eorum dedicatio iussu populi data
esset, eum praeesse annonae, mercatorum collegium in-
6 stituere, sollemnia pro pontifice iussit suscipere. Populus
dedicationem aedis dat M. Laetorio, primi pili centurioni,
quod facile appareret non tam ad honorem eius cui curatio
altior fastigio suo data esset factum quam ad consulum
7 ignominiam. Saevire inde utique consulum alter patresque;
sed plebi creverant animi et longe alia quam primo institu-
8 erant via grassabantur. Desperato enim consulum senatusque
auxilio, cum in ius duci debitorem vidissent, undique con-
volabant. Neque decretum exaudiri consulis prae strepitu
et clamore poterat, neque cum decresset quisquam ob-
9 temperabat. Vi agebatur, metusque omnis et periculum, cum
in conspectu consulis singuli a pluribus violarentur, in credi-
10 tores a debitoribus verterant. Super haec timor incessit

ÜBERSETZUNGSHILFEN

2. **iactare** — wiederholt zur Sprache bringen; **exprobrare** — s. II, 23, 11; **cicatrix** — Narbe; **referre ad senatum** — beim Senat beantragen.

3. **tergiversari** — den Rücken kehren; **causa** — Sache, Standpunkt; **praeceps** — „kopfüber“.

4. **rati:** reri — glauben; **fallax** — betrügerisch; **dedicare** — weihen; **aedes** — Tempel

5. **annona** — Getreide(preis); **collegium mercatorum** — Zunft der Kaufleute; **suscipere** — übernehmen.

6. **primi pili centurio** — ranghöchster Zenturio (Hauptmann); **fastigium** — Rang, Würde, Stellung; **ignominia** — Schande.

7. **saevire** — wüten, toben; **utique** — zumal, besonders; **grassari** — gehen.

8. **in ius ducere** — vor Gericht führen; **strepitus** — Lärm.

9. **creditor** — Gläubiger; **debitor** — Schuldner (debere!).

KOMMENTAR

3. **nobilium:** Der Begriff „nobilis“ tritt nach dem Ständekampf an Stelle des Titels „patricius“. Allerdings war es auch dann noch eine besondere Ehre, ein „nobilis“ von patrizischer Herkunft zu sein, also alten und neuen Adel in sich zu vereinen.
6. Daß hier ein Centurio, also ein Plebejer, gewählt wurde, ist fraglich. Es fragt sich sogar, ob die Plebejer überhaupt schon das Wahlrecht besaßen. Ursprünglich waren auch die Wahlen zu den Ämtern allein den Adelsversammlungen vorbehalten (sog. Curiat-Comitien).

8. **in ius duci:** Die Versprechungen des Servilius werden übergangen. (!)
decretum consulis: den Schuldner abzuführen.

AUFGABEN

5. **eum praeesse annonae:** Warum soll die Plebs diese Aufgabe übernehmen? (später übrigens war es die Aufgabe der plebeischen Ädilen).
6. Trotz unserer berechtigten(?) Zweifel schreibt Livius immerhin, daß ein Plebejer gewählt wurde. Versuchen Sie, Gründe dafür zu finden!
altior fastigio: Beleuchten Sie kritisch die Argumente des Livius: Wollte die Plebs den Senat wirklich „nur“ ärgern? War ein Plebejer für ein derartiges Amt unbrauchbar? Auf welcher Seite steht Livius?
9. **violarentur:** Beurteilen Sie die Machtverhältnisse!
8. **in ius duci:** Entgegen den Versprechungen werden wieder Schuldner verhaftet: Welche Folgen muß dieses Verhalten für die Glaubwürdigkeit der Staatsführung haben?

Sabini belli; dilectuque decreto nemo nomen dedit, furente Appio et insectante ambitionem collegae, qui populari silentio rem publicam proderet et ad id quod de credita pecunia ius non dixisset, adiceret ut ne dilectum quidem ex
11 senatus consulto haberet; non esse tamen desertam omnino rem publicam neque proiectum consulare imperium; se
12 unum et suae et patrum maiestatis vindicem fore. Cum circumstaret cotidiana multitudo licentia accensa, arripi unum insignem ducem seditionum iussit. Ille cum a lictoribus iam traheretur provocavit; nec cessisset provocationi consul, quia non dubium erat populi iudicium, nisi aegre victa pertinacia foret consilio magis et auctoritate principum quam populi clamore; adeo supererant animi ad sustinendam
13 invidiam. Crescere inde malum in dies, non clamoribus modo apertis sed, quod multo perniciosius erat, secessione occultisque conloquiis. Tandem invisi plebi consules magistratu abeunt, Servilius neutris, Appius patribus mire gratus.

ÜBERSETZUNGSHILFEN

10. **dilectus** — Rekrutierung; **insectari** — verhöhnen; **ambitio** — Haschen nach der Volksgunst; **credita pecunia** — Schulden.
11. **vindex** — Rächer, Richter.
12. **arripere** (ad-rapere) — ergreifen; **provocare** (ad populum) — (an das Volk) appellieren ,,Berufung einlegen" s. Komm. zu III, 32, 6; — **iudicium** — Urteil; **aegre** — mit Mühe; **principum** = patrum.

KOMMENTAR

12. **provocavit:** Das Provokationsrecht an die Volksversammlung war damals noch nicht gesetzlich geregelt. Dies geschah im Zwölftafelgesetz.
13. Servilius hatte sich ,,zwischen die Stühle" gesetzt.

AUFGABEN

13. Wie beurteilt Livius den Konsul Appius?

ALLGEMEINE AUFGABE ZUM GESAMTEN KAPITEL

Wie beurteilt Livius das Verhalten von Plebs und Senat? Nehmen Sie kritisch Stellung!

4. Der Senat ist uneinig (II, 28)

28 A. Verginius inde et T. Vetusius consulatum ineunt. Tum
vero plebs incerta quales habitura consules esset, coetus
nocturnos, pars Esquiliis, pars in Aventino facere, ne in foro
subitis trepidaret consiliis et omnia temere ac fortuito ageret.
2 Eam rem consules rati, ut erat, perniciosam ad patres de-
ferunt, sed delatam consulere ordine non licuit; adeo tumul-
tuose excepta est clamoribus undique et indignatione patrum,
si quod imperio consulari exsequendum esset, invidiam eius
3 consules ad senatum reicerent: profecto si essent in re publica
magistratus, nullum futurum fuisse Romae nisi publicum
concilium; nunc in mille curias contionesque [cum alia in
Esquiliis, alia in Aventino fiant concilia] dispersam et dissipa-
4 tam esse rem publicam. unum hercule virum—id enim plus
esse quam consulem—qualis Ap. Claudius fuerit, momento
5 temporis discussurum illos coetus fuisse. Correpti consules
cum, quid ergo se facere vellent—nihil enim segnius molliusve
quam patribus placeat acturos—percontarentur, decernunt
ut dilectum quam acerrimum habeant: otio lascivire plebem.
6 Dimisso senatu consules in tribunal escendunt; citant nomi-
natim iuniores. Cum ad nomen nemo responderet, circumfusa
multitudo in contionis modum negare ultra decipi plebem
7 posse; nunquam unum militem habituros ni praestaretur fides
publica; libertatem unicuique prius reddendam esse quam
arma danda, ut pro patria civibusque, non pro dominis
8 pugnent. Consules quid mandatum esset a senatu videbant,
sed eorum, qui intra parietes curiae ferociter loquerentur,
neminem adesse invidiae suae participem; et apparebat
9 atrox cum plebe certamen. Prius itaque quam ultima experi-
rentur senatum iterum consulere placuit. Tum vero ad sellas
consulum prope convolare minimus quisque natu patrum,
abdicare consulatum iubentes et deponere imperium, ad
quod tuendum animus deesset.

ÜBERSETZUNGSHILFEN

1. **coetus** (co-ire) — Zusammenkunft; **temere** — blindlings, planlos, auf gut Glück.

2. **rati:** reri — glauben, halten für; **deferre ad** — „überbringen zu“ = zur Entscheidung vorlegen; **adeo** — so sehr; **excipere** — aufnehmen = „hören“; **undique** — von allen Seiten; **exsequi** ausführen.

3. **profecto** — in der Tat (facere!); **dispergere, dissipare** — zerstreuen (s. Kommentar!).
4. **hercule** — beim Herkules!; **momento temporis** — im Augenblick, im Nu; **discutere, -io** — zerschlagen.
5. **segnis, mollis**: träge (langsam) und weich; **lascivire** — übermütig sein.
6. **tribunal** — Tribunal (s. Kommentar!); **citare** — aufrufen; **decipere** — täuschen, betrügen.
7. **fidem praestare** — die Treue bewahren.
9. **minor natu**: der jüngere ...; **abdicare** — entsagen, niederlegen (ein Amt); **deponere** — niederlegen; **tueri** (Depon.) — schützen; **imperium tueri** — „die Macht, Herrschaft behaupten".

KOMMENTAR

1. **quales consules**: Die Spanne von Appius bis Valerius war groß. **Esquiliis**: Der Hügel wird hier von Livius wie ein Städtename (Lokativ auf die Frage wo?) behandelt.
2. **deferre**: vor dem Senat berichten und damit zur Anzeige bringen.
3. **in mille curias**: eine unklare Stelle! curia im Singular ist eigentlich nur das Senatsgebäude, die „Kuria".
dispersus et dissipatus: doppelte Alliteration mit d und p in der Form des Hendiadyoin.
hercule: oft noch kürzer hercle: me Hercules iuvet — beim Herkules.
5. **segnius molliusve** — Hendiadyoin.

AUFGABEN

1. **ne ... trepidaret ... et omnia temere ... ageret**: Was bezweckt die Plebs mit ihren Geheimverhandlungen?
2. **ut erat, perniciosam**: Wie urteilt Livius? Urteilen Sie selbst!
3. **mille curias**: Meint hier Livius, der Senat sei tausendfach gespalten? Oder läßt er ironisch Senatoren über die Plebs reden, bei denen sich jedes winzige Grüppchen schon wie eine „curia" vorkäme? Versuchen Sie, das Problem zu lösen!
5. **otio lascivire plebem**: Wie also soll das Volk behandelt bzw. regiert werden?
7. **pro patria — non pro dominis**: Warum steht es angeblich so schlecht um Roms Wehrkraft? Versuchen Sie auch, die möglichen Gegenargumente der Patrizier zu bringen!
9. **minimus quisque natu patrum**: Gerade die jüngsten Senatoren! Wie erklären Sie sich, daß gerade diese Patrizier so „reaktionär" sind?
Erkunden Sie den Standpunkt des Livius, der diese „extreme" Haltung von jungen „Politikern" vorbringen läßt.

Allgemeine Aufgabe

Beschreiben und beurteilen Sie das Gruppenverhalten von Senat und Plebs nach dem gescheiterten Vermittlungsversuch des Konsuls Servilius!

5. Valerius ist konsequent (II, 31, 7—10)

In dieser schwierigen Lage wird nach der Überlieferung Valerius zum Dictator (Praetor maximus) gewählt. Ihm vertraut die Plebs, und er beendet siegreich den Krieg. Nach seiner Rückkehr gelingt es ihm wiederum nicht, den Senat zur Einhaltung der gegebenen Versprechen zu bewegen. Darauf soll sich vor dem Senat folgende bemerkenswerte Szene abgespielt haben:

7 Ita trifariam re bello bene gesta, de domesticarum rerum
eventu nec patribus nec plebi cura decesserat: tanta cum
gratia tum arte praeparaverant feneratores quae non modo
plebem, sed ipsum etiam dictatorem frustrarentur. Namque
8 Valerius post Vetusi consulis reditum omnium actionum
in senatu primam habuit pro victore populo, rettulitque
9 quid de nexis fieri placeret. Quae cum reiecta relatio esset,
‚Non placeo' inquit, ‚concordiae auctor. Optabitis, medius-
fidius, propediem, ut mei similes Romana plebis* patronos
habeat. Quod ad me attinet, neque frustrabor ultra cives
10 meos neque ipse frustra dictator ero. Discordiae intestinae,
bellum externum fecere ut hoc magistratu egeret res publica:
pax foris parta est, domi impeditur; privatus potius quam
dictator seditioni interero.' Ita curia egressus dictatura se
abdicavit.

ÜBERSETZUNGSHILFEN

7. **trifariam** — an drei Orten; **gratia** — Einfluß; **arte:** ars — Schlauheit; **fenerator** — Wucherer; **frustrare** (auch Depon.) — täuschen.
8. **actio** — Verhandlung; **referre (ad senatum)** — vortragen, beantragen.
9. **relatio** (s. referre!) — Antrag; **propediem** (prope diem) — demnächst.
10. **quod ad me attinet:** Was mich anbetrifft.

---

* In der Überlieferung steht entweder plebis oder plebes, oder gar nur kurz plebs.

KOMMENTAR

8. **referre ad senatum:** Mit der Formel: quid . . . fieri . . . placet bittet der Senatsvorsitzende die Senatoren um ihre Meinung.
9. **non placeo** (zu ergänzen: vobis): Valerius stellt die Ablehnung fest.
mediusfidius: me Dius Fidius (iuvet): So wahr mir der getreue Gott helfe (Formel). Die direkte Rede des Valerius ist natürlich von Livius frei erfunden. (Vgl. Kommentar zu II 24, 4)
„plebes" oder „plebis" sind alte Formen für „plebs". Die älteste davon ist „plebis" (Nominativ Singular). Es ist daher anzunehmen, daß „plebes" und „plebs" spätere „Korrekturen" sind. Weshalb benutzt Livius diese „veraltete" Form?

AUFGABEN

9. Wie beurteilt Valerius die Ablehnung seiner Vorschläge für sich persönlich? Wie sieht (nach Livius) der Diktator sich selbst, und wie beurteilt Livius die Haltung der Senatsmehrheit?
10. **seditioni interero:** Wie beurteilt Valerius (Livius?) die Lage nach Ablehnung seiner gut gemeinten Vorschläge?

EINE ALLGEMEINE AUFGABE ZUM KAPITEL

Ob es das Amt der Diktatur bereits gab, darf mit Bleicken (a.a.O.) bezweifelt werden. Falls aber nach Absetzung der Könige nur ein Beamter (unter der Bezeichnung Prätor) die Staatsgeschicke leitete, fällt es uns leicht, ihn mit der späteren Bezeichnung gleichzusetzen.
Vergleichen Sie bitte das Verhalten des Prätors (Dictators) Valerius mit dem des „Consuls" Servilius! (Beide sind Patrizier!)

Kontrasttext

Fritz Taeger: Die Schuldknechtfrage im Alten Athen (5. Jh.)

(aus: Fritz Taeger, Das Altertum. Geschichte und Gestalt der Mittelmeerwelt. 2 Bde. 6. Aufl. 1958 Kohlhammer Verlag Stuttgart. S. 210 ff.)

„Es (das Kleinbauerntum) verschuldete hoffnungslos und drohte durch das harte Schuldrecht seine Freiheit einzubüßen ...
Wenige Jahre später hoffte man durch eine Rechtskodifikation, mit der Drakon 621 betraut war, Abhilfen zu schaffen ...
Tat Drakon hier also schon einen hochbedeutsamen Schritt auf den modernen Staat zu, so mußte ... (er) ... gerade der dringendsten Aufgabe gegenüber versagen, weil er nicht den Mut und nicht die Einsicht besaß, das herrschende Schuldrecht zu reformieren und ... das durch dieses geschaffene Unrecht wiedergutzumachen. Diese Aufgabe aber mußte gelöst werden, wenn anders Athen nicht dem Untergang seines Kleinbauerntums und damit dem Untergang seiner Wehrfähigkeit untätig zusehen wollte. Es war das Glück dieser Stadt, daß sie den rechten Mann in letzter Stunde fand. Es war Solon ... Solon war stark genug, dem Drängen der beiden extremen Gruppen entgegentreten zu können. Die Neuaufteilung von Grund und Boden vollzog er nicht, hob aber in einem denkwürdigen Akt alle Schuldverpflichtungen auf. ... Alle Formen von Schuldknechtschaft wurden für nichtig erklärt, die in die Fremde verkauften Schuldsklaven durch den Staat freigekauft."

Aufgaben

1. Vergleichen Sie die attische Schuldknechtfrage mit der römischen!
2. F. Taeger sagt zur Lösung der Schuldknechtfrage durch Solon, dies erst habe „Athens Großmachtpolitik ... ermöglicht." (a.a.O.)
   Begründen Sie diese These und übertragen Sie dies auf das römische Problem!

6. Die Auswanderung auf den Heiligen Berg
(II, 32 und II, 33,1—3; 10—11)

32 Timor inde patres incessit ne, si dimissus exercitus foret,
rursus coetus occulti coniurationesque fierent. Itaque quam-
quam per dictatorem dilectus habitus esset, tamen quoniam
in consulum verba iurassent sacramento teneri militem rati,
per causam renovati ab Aequis belli educi ex urbe legiones
2 iussere. Quo facto maturata est seditio. Et primo agitatum
dicitur de consulum caede, ut solverentur sacramento; doctos
deinde nullam scelere religionem exsolvi, Sicinio quodam
auctore iniussu consulum in Sacrum montem secessisse. Trans
3 Anienem amnem est, tria ab urbe milia passuum. Ea frequen-
tior fama est quam cuius Piso auctor est, in Aventinum
4 secessionem factam esse. Ibi sine ullo duce vallo fossaque
communitis castris quieti, rem nullam nisi necessariam ad
victum sumendo, per aliquot dies neque lacessiti neque
5 lacessentes sese tenuere. Pavor ingens in urbe, metuque
mutuo suspensa erant omnia. Timere relicta ab suis plebis*
violentiam patrum; timere patres residem in urbe plebem,
6 incerti manere eam an abire mallent: quamdiu autem
tranquillam quae secesserit multitudinem fore? quid futurum
7 deinde si quod externum interim bellum exsistat? Nullam
profecto nisi in concordia civium spem reliquam ducere;
eam per aequa, per iniqua reconciliandam civitati esse.

8 Placuit igitur oratorem ad plebem mitti Menenium Agrip-
pam, facundum virum et quod inde oriundus erat plebi
carum. Is intromissus in castra prisco illo dicendi et horrido
9 modo nihil aliud quam hoc narrasse fertur: tempore quo
in homine non ut nunc omnia in unum consentiant, sed
singulis membris suum cuique consilium, suus sermo fuerit,
indignatas reliquas partes sua cura, suo labore ac ministerio
ventri omnia quaeri, ventrem in medio quietum nihil aliud
10 quam datis voluptatibus frui; conspirasse inde ne manus
ad os cibum ferrent, nec os acciperet datum, nec dentes quae
acciperent conficerent. hac ira, dum ventrem fame domare
vellent, ipsa una membra totumque corpus ad extremam
11 tabem venisse. inde apparuisse ventris quoque haud segne

---

* = plebs; s. o. S. 30!

ÜBERSETZUNGSHILFEN

2. **maturare** — beschleunigen; **religio** — heilige Bindung; **amnis** — Fluß, Strom.
4. **aliquot** — einige; **lacessere** — reizen.
5. **pavor** — Furcht; **mutuus** — wechselseitig; **suspensus** — in der Schwebe, schwebend; **reses, residis** — zurückgeblieben.
6. **tranquillus** — ruhig.
7. **ducere** (mit A.c.I.) — glauben; **reconciliare** — wiederbeschaffen, gewinnen, wieder zustande bringen.
8. **orator** — Unterhändler; **facundus** — redegewandt; **oriundus** (oriri!) — abstammend; **horridus** — schlicht.
9. **indignari** — sich empören; **venter** — Bauch, Magen.
10. **inde** — von da, daher; **conficere** — zerkleinern, zerkauen; **fames** — Hunger; **tabes** — Abmagerung.
11 **haud** = non; **segnis** (sine ignis!) —„unbedeutend, unwichtig";

KOMMENTAR

1. **per dictatorem dilectus habitus:** Nach Liv. II, 30, 6 hat zwar der „dictator" die Truppen aufgestellt, aber sechs der 10 Legionen sollen auf die Konsuln vereidigt worden sein.
3. **Piso:** L. Calpurnius Piso, Zeitgenosse und Gegner(!) der Gracchen, schrieb eine nicht erhaltene Geschichte von der Stadtgründung bis in seine Zeit (eine Quelle für Livius, der ihn hier sogar namentlich nennt).
4. **nullam nisi necessariam — neque lacessiti neque lacessentes:** Alliterationen!
8. **Menenius Agrippa:** Manches spricht dafür, daß Valerius die Vermittlung übernahm. (Vgl. Cic. Brut. 14, 54.)

AUFGABEN

1. Wie beurteilen Sie den Streit, ob der Soldat dem führenden Magistrat oder allgemein dem Staat seinen Eid geleistet habe?
2. **religio:** Warum scheidet Mord als Lösungsmöglichkeit aus? **Sicinio quodam:** Welche Bedeutung hat das „quodam"?
3. **Piso:** Wie steht Livius zu den Unterschieden in seinen Quellen?
4. **sine ullo duce** etc.: Wie beurteilt Livius das Verhalten der Plebejer? Charakterisieren Sie dieses Verhalten! Vergleichen Sie es z. B. mit dem Sturm der Pariser Massen auf die Bastille 1789!
7. **per aequa — per iniqua:** Im Deutschen würde man sagen: Der Zweck heiligt die Mittel. Wie beschreibt Livius in dieser Lage den Senat?
8. **placuit igitur:** Was bedeuten diese Worte für die Gliederung des Textes? Sätze 1—12: Halten Sie das berühmte Gleichnis vom Körper und dem Magen für zutreffend und für überzeugend?

ministerium esse, nec magis ali quam alere eum, reddentem
in omnes corporis partes hunc quo vivimus vigemusque,
divisum pariter in venas maturum confecto cibo sanguinem.
12 Comparando hinc quam intestina corporis seditio similis
esset irae plebis in patres, flexisse mentes hominum.

33 Agi deinde de concordia coeptum, concessumque in con-
diciones ut plebi sui magistratus essent sacrosancti quibus
auxilii latio adversus consules esset, neve cui patrum capere
2 eum magistratum liceret. Ita tribuni plebei creati duo, C.
Licinius et L. Albinus; ii tres collegas sibi creaverunt. In his
Sicinum fuisse, seditionis auctorem: de duobus, qui fuerint
3 minus convenit. Sunt qui duos tantum in Sacro monte creatos
tribunos esse dicant, ibique sacratam legem latam.

. . .

ÜBERSETZUNGSHILFEN

alere — ernähren; **vigere, -eo** — frisch, gesund sein; **pariter** — in gleicher Weise; **vena** — Ader; **maturus** — reif = zubereitet.

1. **agere** — verhandeln; **concedere** — zugestehen; **auxilii latio** (von auxilium ferre — Hilfe bringen): Hilfeleistung.
2. **convenire** — übereinstimmen.

KOMMENTAR

11. **vivimus vigemusque:** (Alliteration) Nach antiker Auffassung wird durch die Verdauung eine gleichmäßige Verteilung des Blutes im Körper bewirkt. Die Funktion des Herzens als ,,Pumpe" ist noch nicht bekannt.

1. **sui:** starke Betonung; **sacrosancti:** (aus sacer und sanctus) Den Tribunen fehlt das ,,imperium" des althergebrachten Beamten. So umgibt man sie mit dem Schutz der Religion. Die Plebs war jederzeit bereit, Übergriffe gegen ihre Tribunen mit Gewalt zu beantworten.
Hier erwähnt Livius erstmals und ohne nähere Erklärung die Bezeichnung ,,Tribun" für das neue Amt. Der Begriff ,,Volkstribun" war ihm vermutlich ebenso geläufig wie uns und bedurfte wohl seiner Meinung nach keiner näheren Erklärung.
Das Wort ,,tribunus" ist vermutlich von ,,tribus, ūs, f. — der Bezirk" abgeleitet. Der römische Herrschaftsbereich ist damals in vier Stadtbezirke (tribus urbanae) und über 20 ländliche Bezirke (tribus rusticae) eingeteilt. Diese ca. 30 tribus besaßen ihre eigenen Volksversammlungen (comitia tributa), auf denen klei-

nere Angelegenheiten geregelt wurden. Später verschmolzen sie mit den Centuriatkomitien (s. u.!) Die „comitia tributa“ dürfen nicht mit der rein plebejischen Volksversammlung, dem „concilium plebis“, verwechselt werden. Die „concilia plebis“ wurden von den Tribunen einberufen und unterstanden deren Leitung. Ihre Beschlüsse hatten im Gegensatz zu denen der Centuriatkomitien offiziell keine Gesetzeskraft, wurden aber immer häufiger durchgesetzt und im Laufe der Zeit zunehmend anerkannt (sog. „Plebiscite“).
Zusammenfassend kann man also sagen: Die Volkstribunen waren die plebejischen Vorsteher einer oder mehrerer(?) „tribus“ und leiteten die Volksversammlung der Plebejer. Mit dem Wachsen der Stadt und des Reiches nahm auch ihre Zahl zu (z. B. 457 v. Chr. auf 10 erhöht: Liv. III, 30).
auxilii latio: Das Recht, jeden Plebejer gegen das „imperium“ der patrizischen Beamten in Schutz zu nehmen. Der Schutz erlischt mit dem Ende des jeweiligen Tribunates und muß von einem neugewählten Tribunen erst wieder erneuert werden. Dieses Recht wird als „ius auxilii“ bezeichnet.
3. **sacratam legem:** Dieses nicht von der Tradition geheiligte Gesetz wird ebenso wie das Volkstribunat unter den Schutz der Religion gestellt.
latam: legem ferre: Ein Gesetz durchsetzen. Zunächst wird ein Gesetz in der Öffentlichkeit vorgestellt (l. promulgare) und dann der Volksversammlung zur Abstimmung vorgelegt. Da die plebejische Volksversammlung damals noch nicht dieses Recht erstritten hatte, kann man bei der Durchsetzung des Volkstribunates nur von einem revolutionären Akt sprechen: Die Plebs setzte sich unter Gewaltandrohung durch, der Senat mußte des lieben Friedens willen zustimmen.

AUFGABEN

1. **neve cui patrum:** Warum?
3. a) **sacratam legem:** Die getroffene Vereinbarung hat in der römischen Tradition den Namen „lex sacrata“ bekommen. Vergleichen Sie nun die Aussage des Liviustextes mit der Interpretation des modernen Historikers Bleicken! (Kontrasttext) Welche Bedeutung besitzt dieser Begriff („lex sacrata“)?
b) Um zu einem Schuldenerlaß zu kommen, waren die Plebejer ausgezogen. Nun finden wir ausgerechnet davon bei Livius kein Wort. Überlegen Sie bitte, ob bzw. warum dieser Schuldenerlaß stattgefunden hat, und warum Livius uns darüber nichts berichtet, während doch über das neueingeführte Tribunat ausführlich gesprochen wird!

10 Eodem anno Agrippa Menenius moritur, vir omni in vita
pariter patribus ac plebi carus, post secessionem carior plebi
factus. Huic interpreti arbitroque concordiae civium, legato
11 patrum ad plebem, reductori plebis Romanae in urbem
sumptus funeri defuit; extulit eum plebs sextantibus conlatis
in capita.

ÜBERSETZUNGSHILFEN

10. **mori** (Depon.) sterben; **pariter:** s. II, 32, 11!
11. **interpres** — Dolmetscher; Vermittler; **arbiter** — Schiedsrichter; **sumptus** — Aufwand, Besitz, Vermögen; **efferre aliquem** — jemanden zu Grabe tragen; **sextans** — 1/6 As = kleine Münze, „Pfennig"; **in capita** — auf die Köpfe = Mann für Mann.

KOMMENTAR

10. Im selben Jahr, in dem sich ein gewisser Cn. Marcius bei der Erstürmung der Stadt Corioli den Beinamen „Coriolanus" erworben haben soll, stirbt Menenius Agrippa in kläglicher Armut.
11. **sextantibus:** Ein sextans ist 1/6 As, also eine sehr kleine Münze. Livius überträgt hier das Geldwesen seiner Zeit in unzutreffender Weise auf die Vergangenheit, denn zu diesem Zeitpunkt kennen die Römer noch kein gegossenes oder geprägtes Geld als Tauschmittel. Man handelt mit rohen Kupfer- oder Bronzestücken, die jeweils abgewogen werden müssen.
Ein As ist ein römisches Pfund (libra) von ca. 330 g Bronze. Das Wort libra kommt von „librare" = wiegen. Noch heute wird das britische Pfund als Geldwährung mit „lb" (= libra) abgekürzt.
Ein „Sextans" ist also eine ganz geringe Summe, ein „Pfennig".

AUFGABEN

11. Warum Agrippa Menenius in derartige Armut geraten ist, wissen wir nicht. Beurteilen Sie sein Ende!

Kontrasttext

Jochen Bleicken, Volkstribunat

(aus: Jochen Bleicken, Rom und Italien, in: Propyläen Weltgeschichte. 4. Bd. Rom und die Römische Welt. Propyläen Verlag, Berlin-Frankfurt-Wien 1962. S. 62 ff.)

„... jeder Patrizier konnte ... die Urheber solcher revolutionärer Aktionen zur Verantwortung ziehen. Um das zu verhindern, verliehen die Plebejer ihren Organen und vor allem den Volkstribunen den Schein religiöser Weihe. ... Nicht das Recht schützte die Plebs, sondern die Götter; ihre Organe ... umgab ein religiöses Tabu, das jeden Angriff auf sie zum Frevel werden ließ. ...

Praktisch sah das so aus, daß alle Plebejer, welche die Beschlüsse der Plebs befolgten und deshalb vom patrizischen Magistrat verhaftet wurden, die Volkstribunen um Hilfe anriefen. Diese stellten sich dann vor die bedrohten Plebejer, und wagte es daraufhin der Beamte, die heilige Person des Tribuns zu mißachten und sich des ungehorsamen Plebejers zu bemächtigen, so mußte er gewärtig sein, daß die gesamte Plebs zur Verteidigung des Tribunen anrückte ...

Je heißer das innenpolitische Klima wurde und je häufiger die Patrizier brutal gegen ungehorsame Plebejer vorgingen, desto zahlreicher wurden die Fälle, in denen sich die Plebs mit dem Einsatz ihrer Lynchjustiz rächte ...

Es war aber klar, daß die Patrizier als der schwächere Teil schließlich der entschlossenen Front der Plebejer nachgeben mußten. In der Mitte des 5. Jahrhunderts verstanden sie sich denn auch zu ersten Zugeständnissen.

... Eine neue Volksversammlung wurde geschaffen, deren ... Grundlage nicht mehr der Geschlechterverband, die Kurie, war, sondern eine militärische Einheit, die Zenturie ... Diese neue Versammlung (comitia centuriata) war im Prinzip eine Heeresversammlung und entsprach damit dem stärkeren Anteil der Plebejer am Heeresdienst. Allerdings war sie keineswegs demokratisch ... Das Stimmrecht war vielmehr nach dem Vermögen des einzelnen abgestuft, der Vermögende, der eine teure Rüstung zu stellen hatte, sollte auch die gewichtigere Stimme haben (Timokratie von griechisch time, Schätzung). Die Schätzung nahm der oberste Beamte vor, später wählte man dafür besondere Schätzungsbeamte, die Zensoren (von censere — schätzen).

7. Die Zenturiatkomitien

(nach Dionysios v. Halikarnass*)

In den früheren Zeiten nämlich beriefen die Konsuln, wenn immer das Volk seine Stimme abgeben sollte über eine Frage, die ihnen der Senat zu entscheiden gab, die Zenturiatkomitien ein, nachdem sie zuvor, ihren Bräuchen entsprechend, Opfer dargebracht hatten, wie sie zum Teil noch in unseren Zeiten stattfinden. Es trat aber das Volk zusammen auf dem Marsfeld vor der Stadt, unter den Zenturien und Feldzeichen aufgestellt wie im Kriege, doch sie gaben ihre Stimme nicht alle zur gleichen Zeit ab, sondern jeder in seiner entsprechenden Zenturie, wenn diese von den Konsuln aufgerufen war. Da es nun im ganzen 193 Zenturien gab und diese in sechs Klassen eingestuft waren, wurde zuerst aufgerufen und stimmte zuerst ab die Klasse der Bürger, die die höchste Vermögenseinschätzung hatten und im Kriege die erste Schlachtreihe einnahmen; zu diesen zählten 18 Zenturien der Reiter [Ritter] und 80 Zenturien der Fußsoldaten. Die Klasse, die an zweiter Stelle abstimmte, bestand aus den Bürgern mit geringerem Vermögen, die an weniger wichtiger Stelle in der Schlachtreihe standen und nicht die gleiche Bewaffnung hatten wie die Kämpfer der ersten Reihe, sondern eine geringere; sie waren in 20 Zenturien gegliedert; ihnen waren angegliedert zwei Zenturien der Zimmerleute und Schmiede und sonstiger für den Krieg nützlicher Handwerker [fabri]. Die Bürger, die in der dritten Klasse zur Abstimmung aufgerufen wurden, bildeten 20 Zenturien, ihr Besitz war geringer als der der zweiten Klasse, sie standen in der Schlacht hinter diesen und hatten eine nicht gleichwertige Bewaffnung. Die Bürger, die nach diesen aufgerufen wurden, hatten ein noch geringeres Vermögen, standen in der Schlacht an sicherer Stelle und waren leichter bewaffnet; auch diese waren in 20 Zenturien geordnet; ihnen angegliedert waren zwei Zenturien Horn- und Trompetenbläser. An fünfter Stelle aufgerufen wurde die Klasse derer, deren Vermögen ganz niedrig eingeschätzt wurde, sie waren mit Wurfspießen und Schleudern bewaffnet und hatten keinen festen Platz in der Schlachtreihe; leicht bewaffnet und schnell beweglich, dienten sie zur Unterstützung der Schwerbewaffneten; sie waren in 30 Zenturien gegliedert. Die ärmsten schließlich, nicht geringer an Zahl als alle übrigen Klassen zusammen, stimmten an letzter Stelle ab und bildeten nur eine einzige Zenturie; sie waren befreit von den Aushebungen zum Kriege und von den Kriegsbeiträgen, die sich nach der Vermögenseinschätzung richteten, und hatten

* Dionys ist ein Zeitgenosse des Livius, der eine römische Geschichte in griechischer Sprache verfaßt hat.

aus beiden Gründen bei der Abstimmung das geringste Gewicht. Wenn nun bei der Abstimmung der ersten Zenturien, die aus den Reitern und den Fußsoldaten bestanden, die in der Schlacht in der vordersten Reihe aufgestellt waren, 97 Zenturien der gleichen Meinung waren, so war damit die Abstimmung beendet, und die übrigen 96 Zenturien wurden nicht mehr zur Abstimmung aufgerufen. Im andern Falle wurde die zweite Klasse, die aus 22 Zenturien bestand, aufgerufen und dann die dritte und so fort, bis 97 Zenturien der gleichen Meinung waren. Bei den meisten Fragen, über die man abstimmte, war die Abstimmung schon mit den ersten Aufrufen (innerhalb der 1. Klasse) beendet, so daß man die letzten gar nicht mehr aufzurufen brauchte. Selten war eine Frage so umstritten, daß man bei der Abstimmung bis zur letzten Klasse der Besitzlosen zu gehen brauchte.

Dionysios, Urgeschichte der Römer VII, 59.
Bearbeitet nach Geschichte in Quellen. Band 1 a.a.O.

AUFGABE

Beschreiben Sie Aufbau und Abstimmungsmodus der Centuriatkomitien! Nach welchen Gesichtspunkten ist der politische Einfluß verteilt? Beurteilen Sie, ob die Centuriatsverfassung für die Plebs ein Fortschritt ist!

8. Der Senat beugt sich der Übermacht der Plebs

(Coriolan) (II, 34; 35, 1—6)

34 Consules deinde T. Geganius P. Minucius facti. Eo anno cum
et foris quieta omnia a bello essent et domi sanata discordia,
2 aliud multo gravius malum civitatem invasit, caritas primum
annonae ex incultis per secessionem plebis agris, fames
3 deinde, qualis clausis solet. Ventumque ad interitum servi-
tiorum utique et plebis esset, ni consules providissent dimissis
passim ad frumentum coemendum, non in Etruriam modo
dextris ab Ostia litoribus laevoque per Volscos mari usque
ad Cumas, sed quaesitum in Sicilia quoque; adeo finitimorum
odia longinquis coegerant indigere auxiliis. Frumentum
4 Cumis cum coemptum esset, naves pro bonis Tarquiniorum ab
Aristodemo tyranno, qui heres erat, retentae sunt; in Volscis
Pomptinoque ne emi quidem potuit; periculum quoque ab
5 impetu hominum ipsis frumentatoribus fuit; ex Tuscis fru-
mentum Tiberi venit; eo sustentata est plebs. Incommodo
bello in tam artis commeatibus vexati forent, ni Volscos iam
6 moventes arma pestilentia ingens invasisset. Ea clade con-
territis hostium animis, ut etiam ubi ea remisisset terrore
aliquo tenerentur, et Velitris auxere numerum colonorum
Romani, et Norbam in montes novam coloniam, quae arx
in Pomptino esset, miserunt.

7 M. Minucio deinde et A. Sempronio consulibus magna vis
frumenti ex Sicilia advecta, agitatumque in senatu quanti
8 plebi daretur. Multi venisse tempus premendae plebis puta-
bant reciperandique iura quae extorta secessione ac vi
patribus essent. In primis Marcius Coriolanus, hostis tribuni-
9 ciae potestatis, ‚Si annonam' inquit, ‚veterem volunt, ius
pristinum reddant patribus. Cur ego plebeios magistratus,
cur Sicinium potentem video, sub iugum missus, tamquam
10 ab latronibus redemptus? Egone has indignitates diutius

ÜBERSETZUNGSHILFEN

2. **caritas** — Teuerung; **annona** — Getreide(preis); **ex** — wegen; **claudere** — belagern (einschließen).

3. **utique** — besonders; **coemere** — aufkaufen; **quaesitum:** quaerere — suchen, fragen; **adeo** — so sehr; **indigere, -eo** — bedürfen.
4. **heres** — Erbe; **frumentator** — Getreidehändler.
5. **sustentare** — unterstützen, ernähren; **incommodus** — ungelegen.
6. **remittere** — lockern, nachlassen.
7. **magna vis** = magna copia; **quanti** (gen. pretii) — um wieviel.
8. **reciperare** = recuperare — wiedererlangen.
9. **pristinus** — alt; **sub iugum missus** = ,,als Unterjochter"; **latro** — Räuber.

KOMMENTAR

1. Die gesamte Coriolan-Geschichte, die nun die Ereignisse überschattet, ist aus der Sicht des Historikers nebulös. ,,Wieviel daran wahr ist, läßt sich nicht entscheiden. Aber alt ist die Erzählung, aus der die naive Impertinenz der römischen Annalisten eine vaterländische Glorie gemacht hat, und sie öffnet den Einblick in die tiefe sittliche und politische Schändlichkeit dieser ständischen Kämpfe" (Mommsen, Römische Geschichte, Wien 1932, S. 84).
Für seine Tapferkeit bei der Erstürmung der Stadt Corioli soll Cn. Marcius den oben genannten Beinamen erhalten haben (Liv. II, 33, 2 ff.). Diesen Ehrennamen hätte jedoch der Heerführer (Consul/Prätor) erhalten müssen. Ob damals überhaupt schon derartige Ehrennamen verliehen wurden, darf mit Livius selbst bezweifelt werden: ,,primus certe hic imperator (Scipio maior) nomine victae a se gentis est nobilitatus." (XXX, 45, 7). Der Beiname war ,,Africanus".
3. **dextris . . . litoribus . . .laevo mari:** Von der Tibermündung aus gesehen.
6. **colonia:** Dieser Begriff unterscheidet sich wesentlich vom modernen Wort ,,Kolonie". Er bedeutet: Befestigte Römersiedlung im noch nicht völlig unterworfenen Feindesland. Vgl. den Begriff Kibbuz in Israel!

AUFGABEN

1.—3. Warum ist es für die Römer so schwer, Getreide zu bekommen?
6. Schildern Sie Aufgaben und Bedeutung der ,,colonia"!
7. **quanti:** Warum wird über den Preis verhandelt? Kann man ihn nicht von ,,Nachfrage und Angebot" regulieren lassen?
9. **ius pristinum:** Welche Rechte sollen die Plebejer wieder hergeben?

patiar quam necesse est? Tarquinium regem qui non tulerim,
Sicinium feram? Secedat nunc; avocet plebem; patet via in
Sacrum montem aliosque colles; rapiant frumenta ex agris
11 nostris, quemadmodum tertio anno rapuere. Fruantur an-
nona quam furore suo fecere. Audeo dicere hoc malo domitos
ipsos potius cultores agrorum fore quam ut armati per
12 secessionem coli prohibeant.‘ Haud tam facile dictu est
faciendumne fuerit quam potuisse arbitror fieri ut condicio-
nibus laxandi annonam et tribuniciam potestatem et omnia
invitis iura imposita patres demerent sibi.

35 Et senatui nimis atrox visa sententia est et plebem ira
prope armavit. Fame se iam sicut hostes peti, cibo victuque
fraudari; peregrinum frumentum, quae sola alimenta ex
insperato fortuna dederit, ab ore rapi nisi Cn. Marcio vincti
dedantur tribuni, nisi de tergo plebis Romanae satisfiat;
eum sibi carnificem novum exortum, qui aut mori aut servire
2 iubeat. In exeuntem e curia impetus factus esset, ni perop-
portune tribuni diem dixissent. Ibi ira est suppressa; se iudicem
quisque, se dominum vitae necisque inimici factum videbat.
3 Contemptim primo Marcius audiebat minas tribunicias:
auxilii, non poenae ius datum illi potestati, plebisque, non
patrum tribunos esse. Sed adeo infensa erat coorta plebs
4 ut unius poena defungendum esset patribus. Restiterunt
tamen adversa invidia, usique sunt qua suis quisque, qua
totius ordinis viribus. Ac primo temptata res est si dispositis
clientibus absterrendo singulos a coitionibus conciliisque
5 disicere rem possent. Universi deinde processere—quidquid
erat patrum, reos diceres—precibus plebem exposcentes,
unum sibi civem, unum senatorem, si innocentem absolvere
6 nollent, pro nocente donarent. Ipse cum die dicta non ad-
esset, perseveratum in ira est. Damnatus absens in Volscos
exsulatum abiit, minitans patriae hostilesque iam tum spiritus
gerens.

ÜBERSETZUNGSHILFEN

10. **ferre** — ertragen; **quemadmodum** — wie (auf welche Weise); **furor** — Wahnsinn.

12. **faciendumne fuerit:** ob man so hätte handeln sollen . . .; **laxare** — lockern; **demere** — wegnehmen.

1. **atrox** — grausam; **petere** — angreifen; **peregrinus** — fremd; **ex insperato** — unverhofft; **vincti:** s. II, 23, 8! — **dedere** — übergeben; **de tergo satisfacere** — auf dem Rücken (durch Geißelung) Genugtuung sich verschaffen; **carnifex** — Henker.
2. **peropportune** — sehr gelegen; **diem dicere** — den Prozeßtermin festsetzen.
3. **contemptim** — verächtlich; **coorta:** cooriri — gemeinsam sich erheben; **defungi** (mit Abl.) — etw. erledigen.
4. **qua — qua** = ebenso, wie; **rem disicere** — die Sache vereiteln.
5. **reus** — Angeklagter; **preces** — Bitten.
6. **perseverare** — verharren, stur bleiben.

KOMMENTAR

2. **diem dicere:** Die Tribunen laden Coriolan vor die Versammlung der Plebs. Die Frage nach der Rechtmäßigkeit wird nicht beantwortet. Aus den folgenden Zeilen geht hervor, daß sich die Plebs hier notfalls mit Gewalt durchzusetzen bereit ist.
3. **auxilii non poenae ius:** Livius läßt Coriolan hier die „lex sacrata" auslegen.
5. **Coriolan** geht bezeichnenderweise zu Roms ärgsten Feinden, den Volskern. Dort wird er im Hause des Attius Tullius, der die Römer haßt, in Ehren aufgenommen. Die Erzählung vom verblendeten Vaterlandsverräter kann beginnen . . .

AUFGABEN

12. faciendumne fuerit; quam potuisse fieri arbitror: Obwohl die kommenden Ereignisse zeigen, daß es eben nicht möglich war, die Plebs zu erpressen, schreibt Livius so und nimmt —, dies ist selten genug, — zu den Ereignissen Stellung. Untersuchen Sie seinen Standpunkt kritisch!

II, *35, 1—6*

1. Warum unterstützt der Senat Coriolan nicht wirkungsvoll?
2. **diem dicere** etc.: Gegen welches Gesetz soll er verstoßen haben?
3. Wie legt Coriolan die „lex sacrata" aus, und wie beurteilen sie die Volkstribunen?
unius poena: Wie sieht der Senat seine Lage?
5. **reos diceres:** Wie charakterisiert Livius die Demonstration der Väter?

9. Coriolan vor Rom, sein Ende (II, 40,3—11)

Dieser Teil der Erzählung steht nur mittelbar im Zusammenhang mit unserem Thema. Daher soll er stark gekürzt wiedergegeben werden:

Durch einen Trick gelingt es Attius Tullius, die kriegsmüden Volsker erneut gegen Rom aufzuhetzen. Die Führung der Truppen übernimmt Coriolan. Unter seinem Kommando dringen in raschem Siegeszug die Volsker bis vor die Mauern Roms vor.
Der Senat ist nicht in der Lage, ein Heer aufzustellen. Es kommt zu einem Massenungehorsam der Plebejer. Daher schickt der Senat Friedensgesandte zu Coriolan: „missi de pace ad Marcium oratores atrox responsum rettulerunt“ (II, 39, 10).
Nach dieser groben Abweisung schickt man Roms Priesterschaft: „nihilo magis quam legatos flexisse animum (Coriolani)“ II, 39, 12.
In dieser für Rom fast ausweglosen Lage kommen die Frauen der Stadt zu Veturia, Coriolans Mutter, und zu Volumnia, seiner Gattin, die er samt seinen zwei Kindern in Rom zurückgelassen hatte.
Diese alle beschließen, zu Coriolan zu gehen, um den Verbannten durch ihre Tränen zur Umkehr zu veranlassen (II, 40, 1—2).
Den Höhepunkt dieses Dramas schildert uns Livius in II, 40, 3—11:

3 Ubi ad castra ventum est nuntiatumque Coriolano est adesse
ingens mulierum agmen, ut qui nec publica maiestate in
legatis nec in sacerdotibus tanta offusa oculis animoque
religione motus esset, multo obstinatior adversus lacrimas
4 muliebres erat; dein familiarium quidam qui insignem
maestitia inter ceteras cognoverat Veturiam, inter nurum
nepotesque stantem, ‚Nisi me frustrantur‘ inquit, ‚oculi,
mater tibi coniunxque et liberi adsunt.‘ Coriolanus prope
5 ut amens consternatus ab sede sua cum ferret matri obviae
complexum, mulier in iram ex precibus versa ‚Sine, priusquam
complexum accipio, sciam‘ inquit, ‚ad hostem an ad filium
6 venerim, captiva materne in castris tuis sim. In hoc me longa
vita et infelix senecta traxit ut exsulem te deinde hostem
viderem? Potuisti populari hanc terram quae te genuit atque
7 aluit? Non tibi, quamvis infesto animo et minaci perveneras,
ingredienti fines ira cecidit? Non, cum in conspectu Roma
fuit, succurrit: Intra illa moenia domus ac penates mei sunt,
mater coniunx liberique? Ergo ego nisi peperissem, Roma
8 non oppugnaretur; nisi filium haberem, libera in libera
patria mortua essem. Sed ego mihi miserius nihil iam pati

9 nec tibi turpius ⟨us⟩quam possum, nec ut sum miserrima, diu futura sum: de his videris, quos, si pergis, aut immatura mors aut longa servitus manet.‘ Uxor deinde ac liberi amplexi, fletusque ab omni turba mulierum ortus et comploratio sui

ÜBERSETZUNGSHILFEN

3. **ut qui** = qui; **maiestas** — Erhabenheit, Hoheit des Staates (repräsentiert durch seine Magistrate); **offundere** — entgegengießen, entgegenbringen; **motus:** von movere; **obstinatus** — hartnäckig, stur, verstockt.

3. *Konstruktion:*
(Coriolanus)
    ubi ad castra ventum est
    (et ubi) nuntiatumque Coriolano est:
    adesse ingens mulierum agmen,
[primo]
    ut qui nec publica maiestate in legatis (motus esset)
    (ut qui) nec in sacerdotibus tanta . . . religione motus esset,
multo obstinatior . . . erat.

4. **familiaris** — ein zum Hause gehörender, ein Diener oder ein Vertrauter; **insignis** — auffallend, ausgezeichnet; **nurus** — Schwiegertochter.
5. **amens** — von (a) Sinnen (mens); **consternari** — ,,aus dem Sattel geworfen werden“, erregt aufspringen; **complexus** — Umarmung.
6. **senecta** — Greisenalter; **genuit atque aluit:** von gignere und alere!;
9. **amplecti** (Depon.) — umarmen; **ortus:** oriri — entstehen; **comploratio** — lautes Weinen und Wehklagen (mehrerer Personen).

KOMMENTAR

5. **versa:** vertere ex/ad/in gibt den Gefühlsumschwung an.
sine . . . sciam: sinere mit Konj. statt A.c.I.: dichterisch.
6. **potuisti:** betont am Satzanfang: rhetorisch, Figur der Emphase; ebenfalls rhetorisch: potuisti populari.

AUFGABEN

5. **precibus versa:** Mit welcher Absicht war sie gekommen?
6. **exulem . . . hostem:** In welchem Verhältnis steht die Bedeutung dieser beiden Begriffe zueinander?

10 patriaeque fregere tandem virum. Complexus inde suos
dimittit: ipse retro ab urbe castra movit. Abductis deinde
legionibus ex agro Romano, invidia rei oppressum perisse
tradunt, alii alio leto. Apud Fabium, longe antiquissimum
auctorem, usque ad senectutem vixisse eundem invenio;
11 refert certe hanc saepe eum exacta aetate usurpasse vocem
multo miserius seni exsilium esse.

ÜBERSETZUNGSHILFEN

11. **exacta aetas** — hohes Alter; **usurpare** — häufig gebrauchen.

KOMMENTAR

11. **tradunt:** die nicht genannten Quellen des Livius. Die meisten „auctores" also lassen den Verräter umkommen, so oder so. Nur einer macht dies nicht, Fabius Pictor. Dieser verfaßte in der zweiten Hälfte des dritten Jahrhunderts die älteste römische Geschichte noch in Griechisch. Sie ist bis auf geringe Reste verlorengegangen, „aber die zuverlässigsten Nachrichten aus der älteren Zeit . . . stammen aus diesem Werk." (Tusculum-Lexikon, München. 1963, S. 160) Auch Livius nennt ihn hier den „longe antiquissimum auctorem".

AUFGABEN

9. **fregere:** Hat sich Coriolan umstimmen und überzeugen lassen?
10. Welcher Überlieferung gibt Livius den Vorzug?
Einmal wird von römischen(!) Autoren berichtet, Coriolan habe seinen Verrat unmittelbar mit dem Tode gebüßt, nach anderen (Fabius Pictor) darf er dennoch ein hohes Alter erreichen. Aber wie beschreibt Livius/Fabius Pictor das Alter des Verbannten?
Läßt sich eine gemeinsame Absicht aller Autoren finden?
Wie großzügig bedeutende Dichter mit dem Ende von Helden „auf Abwegen" umzugehen pflegen, zeigt z. B. auch das Ende des Ritters Götz von Berlichingen im gleichnamigen Drama von Goethe. Während der historische Götz nach wenigen Jahren Haft wegen seiner Führerrolle im Bauernkrieg (1525) wieder freigelassen und im kaiserlichen Dienst gegen die Türken eingesetzt wurde und schließlich mit 82 Jahren friedlich zu Schloß Hornberg die Augen schloß, stirbt er bei Goethe infolge der Haft.
Warum, so fragt man sich, diese Änderungen?

10. Coriolans charakterliche Entwicklung nach Livius

Wie hervorragend Livius die Veränderungen in Coriolans Verhalten schildert, soll hier durch kurze Auszüge demonstriert werden:

a) **Der Eroberer von Corioli:**

„adulescens et consilio et manu promptus" „is...impetum... retudit, ... ferox inrupit, ... ignem temere ... aedificiis iniecit." (II, 33, 5 ff).

b) **Der Gegner der Plebs:**

„hostis tribuniciae potestatis" (II, 34, 8) „et senatui nimis atrox visa sententia (Coriolani) est." (II, 35, 1).
Meinung der Plebs: „carnificem novum" (35, 1) Reaktion Coriolans auf die Drohungen der Plebs: „contemptim ... audiebat." (35, 3).

c) **Bei den Volskern:**

„minitans patriae hostilesque ... spiritus gerens, ... crebrae nunc querellae, nunc minae percipiebantur." (II, 35, 6).

d) **Als Feind vor Rom**

„atrox responsum"; „sibi irritatos, non fractos animos esse. (39, 10—11).
„sacerdotes ... nihilo magis ... flexisse animum." (39, 12).
„Multo obstinatior adversus lacrimas muliebres erat." (40, 3).
Er sieht seine Mutter: „prope ut amens consternatus (est)." (40, 5).
Die Fragen der Mutter an ihn: „hostem...an...filium, captiva materne...exulem...deinde hostem..." (40, 5—7).

e. **Die Wende**

„comploratio sui patriaeque fregere virum" (= fractus est) (40, 9).

AUFGABE

Verfassen Sie (in Deutsch) eine Kurzcharakteristik Coriolans!

11. Beethovens Coriolan

Die Coriolangeschichte des Livius muß die Leser aller Zeiten gefesselt haben. Bedeutende Dichter, z. B. Shakespeare, bearbeiteten die Vorlage dramatisch, so auch der heute vergessene H. J. v. Collin, zu dessen 1804 veröffentlichtem „Coriolan" Beethoven 1807 seine oft gespielte gleichnamige Ouvertüre komponierte: (Spieldauer ca. 7 Minuten)
Nach wuchtigen „Fanfaren" tritt uns das düstere erste Thema entgegen. Vermutlich charakterisiert es Coriolans Stimmung vor seiner Vaterstadt Rom:

Diesem herben Thema tritt alsbald ein sanftes zweites Thema entgegen, das die Liebe zur Heimat, zu Frau und Kindern, zur Mutter darstellen könnte:

Der Fortgang des Werkes lebt aus diesen Gegensätzen, die sinfonisch „durchgeführt" werden.
Dann kommt es zu einer dramatischen Steigerung: Die „Fanfaren" des Beginns treten wieder auf, noch wuchtiger, gesteigert. („ut amens consternatus?"). Dann geraten sie ins Stocken und brechen schließlich ab. („fregere virum?").
Das düstere Thema unseres Helden versinkt dumpf in den dunklen Streichinstrumenten.

(nach Reclams Konzertführer)

Zweites Kapitel: Ende der Rechtsunsicherheit

1. Einleitung

Die Alten Römer hatten wie die anderen Völker ursprünglich kein schriftlich festgelegtes Recht. Zwar wickelte sich das komplizierter werdende öffentliche Leben nach überlieferten Normen ab, aber die Entscheidung lag doch weitgehend in Händen der „Patres“. Die Plebejer hätten, — so sagte man —, nicht die „Auspizien“ für politische Ämter, also auch für die Rechtsprechung.
Ob die Patrizier sich um eine gerechte Rechtsprechung bemühten, um den Rechtsfrieden zu wahren, oder nicht, wissen wir nicht genau. Man kann jedoch davon ausgehen, daß die Plebs bereits die bestehenden Normen als ungerecht empfand und sie erst recht wegen der unsicheren Auslegung ablehnte.
So forderten die plebeischen Beamten (tribuni, aediles) immer nachdrücklicher eine Fixierung des geltenden Rechts.
Wie dieser Streit in seinen Einzelheiten aussah, können wir nicht mehr genau rekonstruieren. Nach Livius sollen die siegreichen Konsuln die Beute nicht verteilt haben. Daher sei es den Tribunen gelungen, die Plebs, die sich geprellt fühlte, für ihre Forderungen zu gewinnen. (Warum, so fragt man sich, werden die Massen immer erst dann munter, wenn es ums Geld geht... ?)

AUFGABE

Sprechen Sie miteinander über die Begriffe „Gesetz“, „Recht“, „geltendes Recht“, „Gerechtigkeit“!

2. Streit und erste Einigung (III, 31,5—8)

5 Itaque ergo, ut magistratu abiere, Sp. Tarpeio A. Aternio
consulibus dies dicta est Romilio ab C. Calvio Cicerone
tribuno plebis, Veturio ab L. Alieno aedile plebis. Uterque
6 magna patrum indignatione damnatus, Romilius decem
milibus aeris, Veturius quindecim. Nec haec priorum cala-
mitas consulum segniores novos fecerat consules. Et se
damnari posse aiebant, et plebem et tribunos legem ferre
7 non posse. Tum abiecta lege quae promulgata consenuerat,
tribuni lenius agere cum patribus: finem tandem certami-
num facerent. si plebeiae leges displicerent, at illi communiter
legum latores et ex plebe et ex patribus, qui utrisque utilia
ferrent quaeque aequandae libertatis essent, sinerent creari.
8 Rem non aspernabantur patres; daturum leges neminem
nisi ex patribus aiebant. Cum de legibus conveniret, de latore
tantum discreparet, missi legati Athenas Sp. Postumius Albus
A. Manlius P. Sulpicius Camerinus, iussique inclitas leges
Solonis describere et aliarum Graeciae civitatium* instituta
mores iuraque noscere.

ÜBERSETZUNGSHILFEN

5. **ut** (Ind. Perfekt) — sobald, sowie; **diem dicere** — s. II, 35, 2.
6. **decem milibus aeris** = 10000 Pfund (Kupfer); **segnis** — „ohne Feuer“, lässig, träge.
8. **inclitus** oder inclutus — weit bekannt, berühmt.

---

* civitatium häufig statt civitatum.

KOMMENTAR

5. **dies dicta:** Schon bei der Coriolan-Geschichte wurde daraufhingewiesen, daß die Plebs dieses Recht noch nicht besaß. Es handelt sich hier also um einen revolutionären Akt.
aedile plebis: Das Wort ,,plebis" ist überflüssig, denn der ,,curulische" Ädil, benannt nach der ,,sella curulis", wurde als Amt erst im folgenden Jahrhundert eingesetzt.
6. **decem milibus aeris:** aes = das alte Kupfergeld der Römer, ursprünglich in roher Form, später gegossen. Die Einheit ist ein As von einem Pfund. Die ausführliche Bezeichnung: ,,aeris librae" oder ,,asses" bei Livius gewöhnlich in der hier gebrachten Form verkürzt. Später benutzten die Römer Silber- und in der Kaiserzeit auch Goldmünzen. Die Prägestelle lag beim Tempel der Iuno moneta. (Vgl. englisch money — deutsch ,,Moneten").
legem ferre, promulgare: s. Kommentar zu II, 33, 3 (S. 37)!
8. **leges Solonis:** Vgl. Kap. 1, ,,Schuldknechtfrage im Alten Athen"!

AUFGABEN

5. Nach Livius verurteilt die Plebs die Konsuln vor einem ,,Volksgericht". Welche Schlüsse auf die Machtverhältnisse in der Stadt lassen sich daraus ziehen?
7. **utrisque utilia; aequandae libertatis:** Beschreiben und beurteilen Sie die Meinung der Tribunen!
8. **leges Solonis:** Warum diese Gesetze?

ALLGEMEINE AUFGABE ZUM KAPITEL

Die Plebs gibt ihre harte Haltung auf, die Tribune stecken zurück, man sucht den Kompromiß, und die drohende Revolution findet wieder einmal nicht statt.
Warum lassen sich die Plebejer immer wieder von diesem letzten Schritt abhalten? (Vgl. auch den Kontrasttext von Golo Mann!)

Kontrasttext

Golo Mann, Revolution oder Reformen?

(aus: Deutsche Geschichte des 19. und 20. Jahrhunderts. S. Fischer Verlag Frankfurt 1958, S. 235)
Notwendig ist in der Geschichte Veränderung, Reform, Anpassung des Rechts an neue wirtschaftliche und moralische Bedingungen. Revolutionen als blutige Dramen, plötzliche gewalttätige Umstürze sind weder notwendig noch wünschenswert. Sie führen auch nie zu dem, wozu sie nach der Idee ihrer Antreiber führen sollten. England ist z. B. bis zum heutigen Tag ohne Revolutionen ausgekommen, obwohl es an sozialen Veränderungen dort wahrlich nicht gefehlt hat. Die sogenannten englischen Revolutionen* des siebzehnten Jahrhunderts waren bestimmt keine Revolutionen im Marxschen Sinn**. Sie waren eher noch — Konterrevolutionen. Hier waren es die Könige, ... wogegen sich im Bürgerkrieg der sechzehnhundertvierziger Jahre und wieder 1688 die alte Parlamentsherrschaft durchsetzte.

AUFGABE
Überdenken Sie anhand der Texte die Alternative Revolution — Reformen und urteilen Sie!

---

* Es geht hier um das Haus der Stuarts, die den abgeschafften Katholizismus begünstigten. Folge: Konflikt König-Parlament, Enthauptung Karls I., Diktatur O. Cromwells. Nach Cromwells Tod werden die Stuarts wiedereingesetzt (Karl II.). Dieser muß 1679 die „Habeas-Corpus-Akte" unterzeichnen. Jeder Bürger war vor willkürlicher Verhaftung geschützt.
1685 wird sein Bruder, Jakob II., König. Ihn stürzt das Parlament in der „Glorreichen Revolution" von 1688. Sein Nachfolger wird Wilh. v. Oranien.
** z. B. die französische Revolution.

3. Ein Zehnmännerkollegium (Dezemvirn) wird gewählt (III, 32)

32 Ab externis bellis quietus annus fuit, quietior insequens
P. Curiatio et Sex. Quinctilio consulibus, perpetuo silentio
tribunorum, quod primo legatorum qui Athenas ierant
2 legumque peregrinarum exspectatio praebuit, dein duo
simul mala ingentia exorta, fames pestilentiaque, foeda
homini, foeda pecori. Vastati agri sunt, urbs adsiduis ex-
3 hausta funeribus; multae et clarae lugubres domus. Flamen
Quirinalis Ser. Cornelius mortuus, augur C. Horatius Pul-
villus, in cuius locum C. Veturium, eo cupidius quia damna-
4 tus a plebe erat, augures legere. Mortuus consul Quinctilius,
quattuor tribuni plebi. Multiplici clade foedatus annus;
5 ab hoste otium fuit. Inde consules C. Menenius P. Sestius
Capitolinus. Neque eo anno quicquam belli externi fuit:
6 domi motus orti. Iam redierant legati cum Atticis legibus.
Eo intentius instabant tribuni ut tandem scribendarum legum
initium fieret. Placet creari decemviros sine provocatione,
7 et ne quis eo anno alius magistratus esset. Admiscerenturne
plebeii controversia aliquamdiu fuit; postremo concessum
patribus, modo ne lex Icilia de Aventino aliaeque sacratae
leges abrogarentur.

ÜBERSETZUNGSHILFEN

1. **quod:** silentium, quod.
2. **exorta:** exoriri = oriri; **foedus:** s. II, 23, 3; **adsiduus** (assiduus) — ständig; **funus, eris** n. Beisetzung(sfeierlichkeit); **lugubris** — trauernd.
3. **flamen Quirinalis:** Priester des Quirinus (s. Kommentar!); **augur** — Augur, Deuter von Vorzeichen (s. Kommentar!).
4. **plebi:** Gen. Sing. v. plebes: pleb(e)i (statt plebis).
6. **instare** — bestehen auf; **decemviri** — Zehnmänner(kollegium); **provocatio** — Berufung (s. Kommentar!).
7. **aliquamdiu** — ein Weile.

KOMMENTAR

1./2. Durch mangelnde Hygiene verursacht zog die Pest in früheren Zeiten als „Geißel der Menschheit" verheerend durch die Lande. Man nimmt an, daß sie besonders durch den Rattenfloh verbreitet wurde.

3. **flamen Quirinalis:** Jeder römische Gott hatte seinen „flamen". Die drei ranghöchsten dieser flamines waren die Priester der drei obersten Götter. (Die Dreiheit in der Führung der Götter dürfte zumindest eine indoeuropäische gemeinsame Vorstellung sein.) In Rom waren diese drei Götter ursprünglich Juppiter, Mars und Quirinus. Später wurden sie ersetzt durch Juppiter-Juno-Minerva. Hier ist also einer der drei ranghöchsten Priester Roms gestorben. Quirinus hatte seinen Festtag am 17. Februar, die „Fornacalia". Sein Tempel stand auf dem „Quirinal". Die ursprüngliche Bedeutung des Gottes ist unklar, zumal er zu nicht mehr zu ermittelnder Zeit mit Romulus gleichgesetzt wurde. Es ist unklar, ob er ein Agrar- oder Kriegsgott war.

augur: Das Priesterkollegium der „augures" hatte die Aufgabe, die Zukunft zu deuten. Insbesondere vor wichtigen politischen oder militärischen Entscheidungen wurden sie befragt. Das Wort stammt vermutlich von „augere" — vermehren. „Uns jedenfalls begegnen sie nicht als Herbeirufer von mehr Macht, . . . sondern als Deuter göttlicher Vorzeichen." (Kl. Pauly). Sie deuteten insbesondere Vorzeichen am Himmel, z. B. den Blitz, und das Verhalten von Vögeln (auspicium = avis-spicium). Bei Adler und Geier wurde der Flug gedeutet, bei Rabe und Krähe der Schrei, bei den vom Staat gehaltenen „Heiligen Hühnern" wurde der Appetit begutachtet. Claudius Pulcher, römischer Flottenkommandant, soll die freßunlustigen heiligen Hühner kurzerhand ins Meer geworfen haben, „ut biberent, quoniam esse (fressen) nollent." (Cic. nat. deor. 2, 7). Anschließend verlor er natürlich die Seeschlacht.

6. **provocatione:** Die Berufung an die nächsthöhere Instanz bis zur Volksversammlung war damals noch nicht gesetzlich geregelt, also eine höchst unsichere Sache. Rechtssicherheit schafften hier erst die Gesetze der Decemvirn, das „Zwölftafelgesetz", von dem unser nächstes Kapitel handelt.

lex Icilia: L. Icilius, Volkstribun 456, kämpfte leidenschaftlich für die Plebs und erstritt ihr das Recht, den Aventin zu besiedeln. 449 war er maßgeblich am Sturz des tyrannischen Dezemvirn Appius Claudius beteiligt. **sacratae leges:** Volkstribunat!

AUFGABE

a) Beschreiben Sie die vielfältigen Ursachen für die geradezu seltsam anmutende Ruhe in Rom!

b) Warum schickt man die Gesandtschaft nach Athen? (Vgl. Kontrasttext zu II, 31!)

c) Welche Aufgabe hat die Gesandtschaft?

4. Die Dezemvirn treten ihr Amt an (III, 33,1—7)

33 Anno trecentensimo altero quam condita Roma erat iterum
mutatur forma civitatis, ab consulibus ad decemviros, quem-
admodum ab regibus ante ad consules venerat, translato
2 imperio. Minus insignis, quia non diuturna, mutatio fuit.
Laeta enim principia magistratus eius nimis luxuriavere; eo
citius lapsa res est repetitumque duobus uti mandaretur
3 consulum nomen imperiumque. Decemviri creati Ap. Clau-
dius, T. Genucius, P. Sestius, L. Veturius, C. Iulius, A. Manlius,
P. Sulpicius, P. Curiatius, T. Romilius, Sp. Postumius. Claudio
4 et Genucio, quia designati consules in eum annum fuerant,
pro honore honos redditus, et Sestio, alteri consulum prioris
5 anni, quod eam rem collega invito ad patres rettulerat. His
proximi habiti legati tres qui Athenas ierant, simul ut pro
legatione tam longinqua praemio esset honos, simul peritos
legum peregrinarum ad condenda nova iura usui fore
6 credebant. Supplevere ceteri numerum. Graves quoque
aetate electos novissimis suffragiis ferunt, quo minus ferociter
7 aliorum scitis adversarentur. Regimen totius magistratus
penes Appium erat favore plebis, adeoque novum sibi
ingenium induerat ut plebicola repente omnisque aurae
popularis captator evaderet pro truci saevoque insectatore
plebis.

ÜBERSETZUNGSHILFEN

1. **forma civitatis** — Verfassung; **quemadmodum** — wie.
2. **insignis** — auffallend; **diuturnus** — andauernd, von Dauer; **luxuriare** — „auf Abwege kommen"; **lapsa**: labi — zu Fall kommen.
4. **honor** oder **honos** — Ehre, (Ehren-)Amt.
5. **his** — von diesen; **usui esse** — von Nutzen, nützlich sein.
6. **suffragium** — Abstimmung; **suffragium ferre** — abstimmen, votieren; **novissimus** — der letzte...; **scitum** — Verordnung, Beschluß.
7. **regimen** — Führung; **favor** — Gunst; **plebicola** (plebem colere!) — Volksfreund; **aura** — Lufthauch; **evadere** — „sich entpuppen"; **insectator** — Verfolger, Gegner. **trux** — grimmig, hart, trotzig.

KOMMENTAR

1. **anno . . .:** 451 v. Chr.
2. **nimis luxuriavere:** Livius greift den Ereignissen vor. Er kann nämlich davon ausgehen, daß dem Leser, dem gebildeten Römer, das böse Ende der Dezemvirn bekannt ist.
7. **Appius Claudius:** Voll Ironie bemerkt Livius die erstaunliche politische Wandlung dieses Mannes vom Gegner der Plebs zum „plebicola". Er hascht nach jedem Lufthauch der Volksgunst wie ein Seemann bei Flaute nach dem Wind.

AUFGABEN

1. **forma civitatis** etc.: War die Wahl der Dezemvirn eine Verfassungsänderung?
7. **Appius Claudius:** Beurteilen Sie den „Politiker"!

5. Zehn Gesetzestafeln werden vorgestellt; Wiederwahl der Dezemvirn (III, 34,1—8)

34 Cum promptum hoc ius velut ex oraculo incorruptum
pariter ab iis summi infimique ferrent, tum legibus condendis
opera dabatur; ingentique hominum exspectatione propositis
2 decem tabulis, populum ad contionem advocaverunt et,
quod bonum faustum felixque rei publicae ipsis liberisque
3 eorum esset, ire et legere leges propositas iussere: se, quan-
tum decem hominum ingeniis provideri potuerit, omnibus,
summis infimisque, iura aequasse: plus pollere multorum
4 ingenia consiliaque. versarent in animis secum unamquam-
que rem, agitarent deinde sermonibus, atque in medium
quid in quaque re plus minusve esset conferrent. eas leges
5 habiturum populum Romanum quas consensus omnium non
iussisse latas magis quam tulisse videri posset.
6 Cum ad rumores hominum de unoquoque legum capite
editos satis correctae viderentur, centuriatis comitiis decem
tabularum leges perlatae sunt, qui nunc quoque, in hoc
immenso aliarum super alias acervatarum legum cumulo,
fons omnis publici privatique est iuris.
7 Volgatur deinde rumor duas deesse tabulas quibus ad-
iectis absolvi posse velut corpus omnis Romani iuris. Ea
exspectatio, cum dies comitiorum adpropinquaret, desi-
8 derium decemviros iterum creandi fecit.

ÜBERSETZUNGSHILFEN

1. **operam dare** — sich Mühe geben, bemühen.

2. **exspectatio** — Erwartung; **proponere** — öffentlich ausstellen, vorlegen (Vorgang der „promulgatio“); **advocaverunt:** decemviri advocaverunt; **faustus, a, um** — glückbringend (favere!).

3. **quantum** — „soweit“; **decem hominum** = decem virorum; **providere** — vorhersehen, Vorsorge treffen; **pollere, -eo** — etw. vermögen, können, ausrichten.

4. **versare** — hin- und herwenden; **agitare sermonibus** — (im Gespräch betreiben); besprechen; **plus minusve** — besser oder schlechter; **in medium conferre** — in die Versammlung einbringen, vortragen.

Satzbau: eas leges habiturum populum Romanum,
quas (leges) consensus omnium
non iussisse latas magis
quam tulisse
videri posset. (N.c.I. im Relativsatz!)

non magis latas: „nicht eher als vorgelegte (Gesetzesvorlage); **tulisse:** (legem) ferre: „sich selbst das Gesetz geben".

6. **rumores . . . editos** (edere) — Gerüchte verbreiten; **caput** — Kapitel; **legem perferre** — ein Gesetz durchsetzen, verabschieden; **acervare** (vgl. acervus) — anhäufen, übereinandertürmen; **fons** — Quelle.

7. **volgari** (volgus oder vulgus — Volk) — sich (im Volke) ausbreiten (z. B. Gerüchte); **absolvere** — „abrunden"; **desiderium** — Wunsch, Verlangen (desiderare!).

KOMMENTAR

2. **faustum — felix; legere — leges:** Alliterationen; contio: Die Zenturiatkomitien und nicht das „concilium plebis!" Die Dezemvirn beanspruchen nicht die Macht, die Gesetze auch zu verabschieden.

5. **legem latam iubere:** Ein z. B. vom Senat vorgelegtes Gesetz in der Volksversammlung annehmen (oder ablehnen). legem ferre: ein Gesetz selbst beantragen.

AUFGABEN

1.—2. Wo endet nach eigener Aussage die Macht der Dezemvirn?

3. **plus pollere . . .:** Ist dieses Verfahren demokratisch und sinnvoll? Wie beurteilen die Dezemvirn ihre Vorlage?

4. **unamquamque rem:** was ist mit „res" gemeint?

5. **non magis latas . . . quam tulisse:** Wie soll das neue Gesetz aussehen (videri)?

6. Wie beurteilt Livius ca. 400 Jahre später dieses Gesetzeswerk?

7. Warum sollen erneut Dezemvirn gewählt werden?

6. Zwei weitere Tafeln ergänzen die Gesetze
(Liv. III, 37, 4)

Die zweiten Dezemvirn, — so will es unsere Überlieferung —, regieren selbstherrlich und tyrannisch. Die beiden erwarteten Tafeln lassen sehr lange auf sich warten.

Liv. III, 37, 4

Iam et processerat pars maior anni et duae tabulae legum ad prioris anni decem tabulas erant adiectae . . .

Die Gewaltherrschaft der zweiten Dezemvirn endete nach der Überlieferung mit ihrem Sturz. Ursache war das Schicksal der Verginia (III, 47—48), deren von den Dezemvirn verschuldeter Tod ähnlich wie der Tod der Lukretia bei den Tarquiniern zum Sturz der Tyrannen führte. Die Verginia-Erzählung ist die dichterische Vorlage für Lessings Drama „Emilia Galotti".

7. Die Zwölftafeln werden öffentlich aufgestellt
(Liv. III, 57,10)

Nach dem Sturz der Tyrannen herrscht in Rom „concordia patrum ac plebis". (Liv. III, 57, 7). Da drohen wieder einmal Volsker und Aequer mit Krieg. Bereitwillig meldet man sich zu den Waffen.

Livius III, 57, 10

Priusquam urbe egrederentur, leges decemvirales, quibus tabulis duodecim est nomen, in aes incisas in publico proposuerunt. Sunt qui iussu tribunorum Aediles functos eo ministerio scribant.

AUFGABE

Warum sind manche Autoren der Meinung, Tribune und Aedile hätten für die Aufstellung der Tafeln gesorgt?

Drittes Kapitel: Das Zwölftafelgesetz

1. Zustand unmittelbar vor der Gesetzgebung

„Das Recht war damals zum großen Teil ‚Spruchrecht', d. h., es war an die genaue Aussprache bestimmter formelhafter Wendungen gebunden. Die teilweise sehr schwierigen Formeln waren bisher von patrizischen Priestern, den Pontifices, aufbewahrt und weitergegeben worden. Der starre, religiös gebundene Rechtsformalismus hatte die Rechtskenntnis auf eine kleine Minderheit beschränkt und mußte ... zu einer gewissen Rechtsunsicherheit führen. Die davon Betroffenen waren natürlich in erster Linie die Plebejer als die politisch und wirtschaftlich Schwächeren ... Auch das mannigfache, nicht an Formeln gebundene Gewohnheitsrecht mußte fixiert und zu einem festen, nicht mehr der Willkür Einzelner ausgelieferten Bestandteil des Rechts werden." (Bleicken, a.a.O., S. 64 f.).

2. Bedeutung und Überlieferung der Zwölftafeln

Die Bedeutung des Gesetzes ist unbestritten, und die Behauptung des Livius, die Zwölftafeln seien der Ursprung allen Rechts (III, 34, 6), gilt bis ans Ende der Römerzeit. So finden diese Gesetze ihren Platz in der Geschichte neben den Werken des Hammurabi von Babylon und des Atheners Solon (s. o.).

Noch in den Jugendtagen Ciceros lernte man die Zwölftafeln in der Schule auswendig: „Discebamus enim pueri XII ut carmen necessarium ..." (de leg. II, 23, 69). Dieser hohe Bekanntheitsgrad war für die Überlieferung nicht unbedingt förderlich, denn wer zeichnet schon Bekanntes auf?

Die unmittelbaren Zitate bei späteren Autoren — im Textteil großgedruckt sind spärlich, häufig sind wir auch auf Beschreibungen — im Textteil kleingedruckt — angewiesen. Livius selbst macht weder das eine noch das andere.

Die bedeutendsten Autoren, denen wir die erhaltenen Reste verdanken, sind: Cicero (de legibus), Festus, Gellius, Plinius d. Ä., Gaius und Ulpian. Außer Cicero gehören sie allesamt der Kaiserzeit an, aber auch Cicero (wie Livius!) ist runde 400 Jahre von den Ereignissen entfernt. Das entspricht unserem Abstand von der Zeit des Dreißigjährigen Krieges.

3. Schuld und Strafe

Allgemein gilt: Oberstes Gebot ist die Einhaltung des Rechtsfriedens. Daher geht, — ganz modern —, jeder streitigen Auseinandersetzung ein Versuch voraus, den Streit gütlich beizulegen.

Für den Prozeß gilt, daß Urteil und Strafe der Tat angemessen sein müssen. Dies belegt folgendes Zitat: SI MEMBRUM RUP(S)IT, NI CUM EO PACIT, TALIO ESTO: Wenn jemand einem anderen ein Glied gebrochen hat, soll er, falls er sich nicht mit dem Opfer gütlich einigt, das gleiche erleiden.

Wie das so oft als Rache mißverstandene „Aug' um Aug', Zahn um Zahn" (Moses, Hammurabi) ist dieser Spruch nur ein Ausdruck der exakten Angemessenheit der Strafe. Da auch keine Standesunterschiede genannt werden, ist es auch ein Zeichen für die Gleichheit aller vor dem Gesetz. Allerdings wird es mit Sicherheit dem reichen Adeligen leichter gefallen sein, seine Schuld mit einer Geldbuße zu bereinigen.

4. Gleichheit vor dem Gesetz(?)

a) „auf daß der Mächtige nicht den Schwachen bedrücke." (Hammurabi).

b) "... inde datae leges (Zwölftafelgesetz), ne firmior omnia posset." (Ovid, fasti, 3, 279).

c) NEX ... FORTI SANATI: Verpflichtung ... dem Adeligen wie dem Klienten (Tafel I, 5).

d) Provokationsrecht gegen Beamtenentscheidungen:
„ab omni iudicio poenaque provocari licere indicant XII tabulae compluribus legibus." (Cic., de rep. II, 31, 54): Daß Berufung gegen jeden Strafbescheid (bei den Komitien) erlaubt ist, verkünden die Zwölftafeln in mehreren Gesetzen.

e) Schutzpflicht des Patrons:
PATRONUS, SI CLIENTI FRAUDEM FECERIT, SACER ESTO: Wenn der Patron seinem Klienten Schaden zufügt, soll er verflucht sein.

AUFGABEN

a) Vergleichen Sie die Aussagen Hammurabis, Ovids und des Zwölftafelgesetzes über den Sinn der Gesetzgebung miteinander und urteilen Sie!

b) Beschreiben und beurteilen Sie das Recht, jederzeit bei den Zenturiatkomitien Berufung (Provokation) einzulegen!

c) Wie soll das Verhältnis zwischen Patriziern („patres, patroni") und Plebejern (clientes) geregelt werden?

5. Armenrecht, Bestrafung Minderjähriger

a)

10. Gaius, l. IV ad XII tab. (D. 47, 9, 9):
Qui aedes acervumve frumenti iuxta domum positum combusserit, vinctus verberatus igni necari (XII tabulis) iubetur, si modo sciens prudensque id commiserit; si vero casu, id est negligentia, aut noxiam sarcire iubetur, aut, si minus idoneus sit, levius castigatur.

ÜBERSETZUNGSHILFEN

vinctus, verberatus: vorher soll er gefesselt und gegeißelt werden; **sciens prudensque**: „mit Wissen und Gewissen" = vorsätzlich; **negligentia** — Fahrlässigkeit; **noxiam sarcire** — den Schaden wiedergutmachen; **minus idoneus**: zur Bestrafung nicht geeignet d. h. nicht vermögend genug; **castigare** — strafen.

b)

14. Gellius 11, 18, 8:
Ex ceteris . . . manifestis furibus liberos verberari addicique iusserunt (Xviri) ei, cui furtum factum esset . . .; servos . . . verberibus affici et e saxo praecipitari; sed pueros impuberes praetoris arbitratu verberari voluerunt noxiamque . . . sarciri.

ÜBERSETZUNGSHILFEN

manifestus: auf offener Tat ergriffen; **addicere** — als Sklaven zusprechen; **furtum** — Diebstahl; **pueros impuberes**: unreife Jungen; **noxiam sarcire** — s. o.

KOMMENTAR

Schon im Zwölftafelgesetz wird also zwischen Fahrlässigkeit und Vorsatz genau unterschieden.
saxo: Vom tarpejischen Felsen (senkrechter Felshang an der höchsten und steilsten Stelle des Kapitols).

AUFGABEN

Bei gleicher Straftat, jedoch unterschiedlichem Motiv, erfolgt verschiedene Bestrafung. Arbeiten Sie die Unterschiede des Strafmaßes bei Vorsatz und Fahrlässigkeit heraus!
Für die Strafe gilt, daß sie angemessen sein muß. Wie verhält sich der Gesetzgeber gegenüber den ärmeren Bürgern, die keinen vollen Ersatz leisten können?
Wie beurteilt und behandelt man jugendliche Kriminelle?

3 LK 39 Libertas 10739

6. Eheverbot unter den Ständen(!)

TABULA XI

1. Cicero, de rep. 2, 36, 61—37, 63:
(Decemviri) cum X tabulas summa legum aequitate prudentiaque conscripsissent, in annum posterum Xviros alios subrogaverunt, ... qui duabus tabulis iniquarum legum additis ... conubia ... ut ne plebi cum patribus essent, inhumanissima lege sanxerunt.

ÜBERSETZUNGSHILFEN

subrogare — an Stelle eines anderen wählen; **iniquus** — ungerecht; **con(n)ubium** — Eheverbindung zwischen Plebejern und Patriziern; **sancire, -io, sanxi, sanctum:** unverletzlich machen, (als heilig) festlegen.

KOMMENTAR

Diese Cicero-Stelle beweist, daß im Gegensatz zu den modernen Historikern der gebildete Römer von der Herrschaft der zweiten Dezemvirn überzeugt war. So konnte der Römer bequem zwischen den guten Dezemvirn („summa legum aequitate prudentiaque") und den bösen („iniquarum legum"; „inhumanissima lege") unterscheiden, während wir eher vor einem schwierigen Zwar-Aber-Urteil stehen.

AUFGABEN

Arbeiten Sie die Bedeutung des Eheverbots heraus!
Wie beurteilt die römische Tradition (Cicero) dieses Eheverbot? (warum?)

7. Das Schuldrecht

a) Begrenzung des Zinsfußes (Tabula VIII, 18)

18. a. Tacitus, ann. 6, 16: XII tabulis sanctum, ne quis unciario fenore amplius exerceret . . .
18. b. Cato, de agri cult. praef.: Maiores . . . in legibus posiverunt furem dupli condemnari, feneratorem quadrupli.

ÜBERSETZUNGSHILFEN

a) (Tacitus)
unciarius — ein Zwölftel enthaltend; **fenus** — Ertrag, Wucher = Zinsen des geliehenen Kapitals.
b) (Cato)
posiverunt = posuerunt; **duplus** — zweifach; **quadruplus** — vierfach; **dupli, quadrupli**: Genetiv nach Verben des Gerichtswesens.

KOMMENTAR

a) **fenus unciarius**: 8 ⅓ Prozent Zinsen für das damalige zehnmonatige Jahr, das bedeutet 10 Prozent für unser Jahr von 12 Monaten. Dies ist aus moderner Sicht keineswegs eine zu hoch angesetzte Höchstgrenze. Sollte dieser Zinsfuß jedoch monatlich gemeint sein, dann könnte von einer Begrenzung des Zinsfußes keine Rede mehr sein. Unter diesen Umständen wäre eine Schuldentilgung nahezu unmöglich. Daher kann ich an diese Version nicht recht glauben.
b) **Cato**: Cato verweist darauf, daß die Römer früherer Zeiten diese Grenze einhielten, bzw. deren Überschreitung härter als Diebstahl bestraften. Zu seiner eigenen Zeit, im zweiten Jahrhundert v. Chr., war dieser Brauch offenbar außer Übung gekommen.

AUFGABE

Beurteilen Sie die Bedeutung dieser Höchstmarke!

b) Recht des Gläubigers

TABULA III

1. AERIS CONFESSI REBUSQUE IURE IUDICATIS XXX DIES IUSTI SUNTO.
2. POST DEINDE MANUS INIECTIO ESTO. IN IUS DUCITO.
3. NI IUDICATUM FACIT AUT QUIS ENDO EO IN IURE VINDICIT, SECUM DUCITO, VINCITO AUT NERVO AUT COMPEDIBUS XV PONDO, NE MAIORE AUT SI VOLET MINORE VINCITO.
4. SI VOLET SUO VIVITO, NI SUO VIVIT, QUI EUM VINCTUM HABEBIT, LIBRAS FARRIS ENDO DIES DATO. SI VOLET, PLUS DATO.

5. Gellius 20, 1, 46, 47:
Erat autem ius interea paciscendi ac, nisi pacti forent, habebantur in vinculis dies sexaginta. Inter eos dies trinis nundinis continuis ad praetorem in comitium producebantur, quantaeque pecuniae iudicati essent, praedicabatur. Tertiis autem nundinis capite poenas dabant, aut trans Tiberim peregre venum ibant.

6. TERTIIS NUNDINIS PARTIS SECANTO. SI PLUS MINUSVE SECUERUNT, SE FRAUDE ESTO.
Quintilian, inst. or. III, 6, 84:
„in XII tabulis debitoris corpus inter creditores dividi licuit, quam legem mos publicus repudiavit."

ÜBERSETZUNGSHILFEN

1. **aes (alienum)** — Schulden; **confessus** — ein Geständiger; **res iure iudicatae** — durch Gerichtsurteil entschiedene Angelegenheiten; **dies iusti** — gesetzlich bestimmte Tage, Erfüllungsfrist.
2. **manus iniectio** — Ergreifung; **in ius** — vor Gericht;
3. **iudicatum** — Urteilsverpflichtung; **endo** — (alte Präposition =) in; **vindicare** (venum dicere — den Kaufpreis ansagen) — vor Gericht freikaufen, die Schuld des Angeklagten bezahlen; **vincire** — fesseln; **nervus** — Sehne, Strick; **compedes** — Fußfesseln; **pondus** — Gewicht, „Pfund"; **volet** — vult.
4. **farris: far** — „Speltbrei"; **libras endo dies**: für jeden Tag ein Pfund.
5. (Gellius) **paciscendi**: pacisci, -or, pactus sum — übereinkommen; **forent** — essent; **in vinculis** — in Haft; **nundinis: nundinae**, arum — Wochenmarkt; praedicare — verkünden,

ausrufen; **capite poenas dare** — hingerichtet werden; **peregre** (vgl. peregrinus!) — ausländisch, „ins Ausland"; **venum ire** — verkauft werden.

6. **partis** = partes; **secare** — schneiden; **se fraude** — ohne Nachteil, Schaden.

7. (Quintilian) **debitor** — Schuldner; **creditor** — Gläubiger; **repudiare** — ablehnen.

KOMMENTAR

1. **XXX dies:** In dieser Zeit mußte der geschuldete Betrag gezahlt sein.

2. **vindicit:** Die letzte Hoffnung für den Gläubiger bestand darin, daß jemand für ihn die Zahlung übernahm.

4. **suo vivito:** Der Schuldner konnte sich seine Nahrung mitbringen, oder er wurde vom Gläubiger verpflegt; **far:** Spelt, eine weizenähnliche Getreideart, angeblich die früheste Getreidesorte Italiens. Man aß es in Form von Brot oder Brei.

5. Typisch für das Gesetz ist, daß die Frist für weitere Vermittlungsversuche genutzt werden soll. An den Markttagen werden die Schuld-Häftlinge ausgerufen. **nundinus** = auf den neunten Tag fallend, d. h., da die Römer den ersten und letzten Tag mitzählten, kommt man auf den Wochenmarkt im Abstand von acht Tagen (nundunae).

Zahlte niemand, wurde der Gläubiger, um seine Schulden so gut wie möglich wieder auszugleichen, verkauft, oder getötet. Wie man ihn töten konnte, zeigen die folgenden Abschnitte:

6. **partes secanto:** Der Schuldner soll unter die Gläubiger im wahrsten Sinne des Wortes zerstückelt und aufgeteilt werden, allerdings wurde von diesem Recht, so Quintilian, wohl kaum Gebrauch gemacht.

Konnte der Schuldner also nicht zahlen, so haftete er mit allem, was ihm noch verblieben war, mit seinem Körper. Allerdings muß man eine Verteilung des Körpers unter die Gläubiger als sinnlos bezeichnen. Die Zerstückelung eines menschlichen Körpers und seine Verteilung ist sonst nur aus dem religiös motivierten Kannibalismus bekannt. Sollte der Schuldner durch dieses Gesetz abgeschreckt werden, zumal, wenn ihm klargemacht wurde, daß seinem zerstückelten Leib damit sogar die Grabesruhe entzogen würde?

Wahrscheinlich mußte der Schuldner als „nexus" beim Gläubiger seine Schuld abarbeiten, oder er wurde in die Fremde verkauft. Dafür sollte uns Quintilians Kommentar als Beweis dienen (s. a. u.: Kontrasttext von Dio Cassius!).

AUFGABEN

Beschreiben Sie den Inhalt des römischen Schuldrechts!

Vergleichen Sie die Lage des Schuldners vor und nach Erstellung der Zwölftafeln!

Dio Cassius fr. 16, 8:

πλείστων γοῦν δεινῶν τοῖς Ῥωμαίοις αἰτία ἡ τοῦ δυνατωτέρου ἐς τοὺς ὑποδεεστέρους ἀκρίβεια ἐγένετο· ἄλλα τε γὰρ πολλὰ κατὰ τῶν ὑπερημέρων αὐτοῖς ἐδέδοτο, καὶ εἰ δή τινι πλείους δεδανεικότες ἔτυχον, κρεουργηδὸν αὐτοῦ τὸ σῶμα πρὸς τὸ μέρος ὧν ὤφειλεν ἐξουσίαν εἶχον κατανέμεσθαι.
καί τοῦτο μὲν εἰ καὶ τὰ μάλιστα ἐνενόμιστο, ἀλλ' οὔτι γε καὶ ἔργῳ ποτὲ ἐγεγόνει· πῶς γὰρ ἂν πρὸς τοσαύτην ὠμότητα προεχώρησαν οἱ καὶ τοῖς ἐπ' ἀδικήματί τινι ἁλοῦσι διάφευξιν ἐπὶ σωτηρίᾳ πολλάκις δόντες τοῖς τε ἀπὸ τῶν πετρῶν τοῦ Καπιτωλίου ὠσθεῖσι ζῆν, εἰ περιγένοιντο, ἐπιτρέποντες;

Sicherlich war Ursache der meisten Schrecken für die Römer die Strenge des Mächtigeren gegen den Schwächeren. Denn sehr viel Recht war ihnen gegen die säumigen Schuldner gegeben, und wenn ein Schuldner mehrere Gläubiger hatte, hatten diese das Recht, seinen Körper zu zerstückeln und gemäß dem Forderungsanteil sich zuzuteilen. Mag dieses Recht auch völlig gesetzlich gewesen sein, in der Praxis wurde es doch nie angewendet. Wie hätten sie sich auch eine solche Grausamkeit erlaubt, sie, die selbst überführten Verbrechern oft noch den Rettungsweg eröffneten und die vom kapitolinischen (= tarpeischen) Fels Gestürzten, wenn sie mit dem Leben davonkamen, am Leben ließen?

(Text und Übersetzung: Tusculum-Ausgabe des Zwölftafelgesetzes)

KOMMENTAR

Cassius Dio, auch Dio Cassius genannt, 150—235 n. Chr., schrieb eine römische Geschichte in 80 Büchern.

8. Ausblick:
Reform des Schuldrechts im Jahre 326 v. Chr. (VIII, 28)

„Da das nexum für die ärmere Klasse sehr gefährlich und nachteilig war, schaffte die lex Poetelia Papiria, 326 v. Chr., das nexum als Darlehenskontrakt ab, so daß niemand mehr durch freiwilligen Vertrag in Schuldhaft geraten konnte." (Lübker, Reallexikon, Leipzig 1891).
Wie es dazu kam, rund 125 Jahre nach dem Zwölftafelgesetz, das schildert uns Livius im achten Buch, Kapitel 28 (vollständig):

28 Eo anno plebi Romanae velut aliud initium libertatis factum
est quod necti desierunt; mutatum autem ius ob unius fenera-
2 toris simul libidinem, simul crudelitatem insignem. L. Papirius
is fuit, cui cum se C. Publilius ob aes alienum paternum nexum
dedisset, quae aetas formaque misericordiam elicere pot-
3 erant, ad libidinem et contumeliam animum accenderunt. [Ut]
florem aetatis eius fructum adventicium crediti ratus, primo
perlicere adulescentem sermone incesto est conatus; dein,
postquam aspernabantur flagitium aures, minis territare
4 atque identidem admonere fortunae; postremo, cum in-
genuitatis magis quam praesentis condicionis memorem
5 videret, nudari iubet verberaque adferri. Quibus laceratus
iuvenis cum se in publicum proripuisset, libidinem crudeli-
6 tatemque conquerens feneratoris, ingens vis hominum cum
aetatis miseratione atque indignitate iniuriae accensa, tum
suae condicionis liberumque suorum respectu, in forum atque
7 inde agmine facto ad curiam concurrit; et cum consules

ÜBERSETZUNGSHILFEN

1. **necti** — Schuldner, die in Haft gebracht werden; **desierunt: desinere, -o** — aufhören, nicht mehr vorhanden sein; **libido** — Begierde.
2. **elicere, -io** — hervorlocken; **contumelia** — entehrende, entwürdigende, empörende Mißhandlung.
libido et contumelia (Hendiadyoin): empörende usw. sexuelle Mißhandlung (des Jungen).
Übersetzung am besten in dieser Reihenfolge: Cum Publilius se ... dedisset, aetas formaque ... ad libidinem et contumeliam animum (=Papirium) accenderunt, quae (= Dinge, die) misericordiam elicere poterant.

aetas formaque — sein (jugendliches) Alter und sein schöner Körper.
3. **flos aetatis** — die blühende Jugend; **adventicius** — außergewöhnlich; **creditum** — das Darlehen; **ratus**: reri, reor, ratus sum — glauben, meinen, halten für; **perlicere** — verführen; **incestus** — unsittlich; **conari** — versuchen; **aspernari** — empört zurückweisen; **flagitium** — Schande; **identidem** — immer wieder; **admonere** — erinnern.

KOMMENTAR

1. **eo anno**: 326 v. Chr.; **ob unius feneratoris . . .**: Das barbarische Schuldrecht überdauerte also noch über 120 Jahre, während inzwischen nahezu sämtliche patrizischen Sonderrechte fielen und die bedeutendsten Ämter für (reiche!) Plebejer zugänglich wurden. Es fällt schwer, zu glauben, daß die Plebs dieses für sie so wichtige und gefährliche Feld der sozialen Frage so lange kampflos geräumt haben soll. Die besondere Grausamkeit des Papirius wird wohl nur das auslösende Moment gewesen sein.
2. **aes alienum paternum**: Kinder „erbten" die Schulden.
4./5. **verbera adferri / se in publicum proripuisset**: Vgl. hier: II, 23: Auch dort ist der Anlaß das Schicksal eines einzigen, „unius calamitas". Er zeigt seinen „tergum foedum recentibus vestigiis verberum". Die Reaktion: „nexi ... in publicum proripiunt."
6. **suorum respectu**: Es konnte jeden erwischen.

AUFGABEN

1. **aliud initium libertatis**: Wie urteilt Livius? Überprüfen Sie sein Urteil auf Richtigkeit!
2. Die „**feneratores**" sind keineswegs ausschließlich Adelige, vielmehr nimmt in der Geschichte Roms die Zahl der reichen Plebejer ständig zu. Warum haben die Führer der Plebs dieses Problem so lange anstehen lassen und keine bedeutenden Beiträge zur Lösung beigesteuert?

tumultu repentino coacti senatum vocarent, introeuntibus
in curiam patribus laceratum iuvenis tergum procumbentes
ad singulorum pedes ostentabant. Victum eo die ob impoten-
8 tem iniuriam unius ingens vinculum fidei iussique consules
ferre ad populum ne quis, nisi qui noxam meruisset, donec
poenam lueret in compedibus aut in nervo teneretur;
9 pecuniae creditae bona debitoris, non corpus obnoxium
esset. Ita nexi soluti, cautumque in posterum ne necterentur.

ÜBERSETZUNGSHILFEN

7. **repentinus** — plötzlich; **coacti:** cogere, cogo, coegi, coactum — zwingen; **procumbere** — (von Bittstellern) sich bittend zu Boden legen/werfen.
8. **impotens:** „zügellos"; **vinc(u)lum** — Band, Fessel; **fides** — Kredit; **ferre ad populum** — beim Volk (der Versammlung) beantragen; **noxa** — Strafe; **compes** — Fußfessel (der Sklaven); **nervus** — Fesseln, Gefängnis, Haft.
9. **pecunia credita** — (Geld-)Schulden; **obnoxius** — straffällig, d. h. wegen ... (z. B. nicht bezahlter Schulden) einer Strafe verfallen (z. B. als nexus in Schuldhaft zu kommen!); **soluti:** solvere — lösen = freilassen; **cautum:** cavere — Fürsorge treffen; **nectere** — binden, „in Schuldhaft nehmen" (vgl. „nexus").

KOMMENTAR

7. **procumbentes:** Man bittet die Senatoren inständig. Von der militanten Haltung des Ständekampfes ist man bereits abgerückt.
9. **bona debitoris:** Daß dem Schuldner alles Eigentum genommen werden konnte, erschien als hart genug. Heute hat der Schuldner die Möglichkeit der gerichtlichen Offenlegung seiner Vermögensverhältnisse („Offenbarungseid"). Dadurch sind seine lebensnotwendigen Gegenstände vor dem Zugriff des Gläubigers („Pfändung") sicher. Dazu gehört z. B. auch der Fernsehapparat (Recht auf Information etc.).

AUFGABEN

7. **procumbentes:** Vergleichen Sie diesen Ausdruck mit: „odio intestino" (II, 23, 1); „invidiam ... gliscentem" (2); „clamor ingens" (7); „seditionis" (8); als die Senatoren kommen, will man sie lynchen: „nec temperatum manibus foret" (9); „multo minaciter quam suppliciter" (10)

9. Würdigung der Zwölftafeln durch einen modernen Historiker

(Jochen Bleicken, Rom und Italien, in: Propyläen Weltgeschichte. 4. Bd. Rom und die römische Welt. Propyläen Verlag, Berlin-Frankfurt-Wien 1962. S. 65 ff.)

Das Ergebnis der Tätigkeit der Dezemvirn waren die Zwölf-Tafeln, auf denen das gesamte damals gültige Recht — Privatrecht, Strafrecht und Sakralrecht, das Prozeßrecht ebenso wie das materielle Recht — aufgezeichnet stand. Dieses Zwölf-Tafel-Recht steht auf einer Stufe der Rechtsentwicklung, welche zwar die primitiven Formen der Selbsthilfe, der Privatrache und der Vergeltung noch nicht ganz überwunden hatte, aber doch schon zahlreiche Ansätze eines entwickelteren Rechtsdenkens zeigte. Die Milderung des alten Rechts durch den Begriff der Buße, die ersten Spuren des Begriffs des Schadenersatzes und vieles andere weisen bereits in die Zukunft.

Die Wirkung der ZwölfTafeln kann man nicht hoch genug einschätzen. Die Rechtsunsicherheit war beseitigt, ein gültiger Gesetzestext in aller Händen. Das Recht war nicht mehr Geheimwissenschaft einer Minderheit, sondern stand im Lichte der Öffentlichkeit, und jedermann konnte sich seine Gedanken dazu machen, es interpretieren und kommentieren und es im Anschluß daran durch Aufstellung neuer, modernerer Sätze weiterentwickeln. Und es verstand sich von selbst, daß nun alle neuen Rechtsgedanken, soweit man von ihnen eine praktische Wirkung erwartete, schriftlich zu fixieren waren: die Schriftlichkeit war zu einer unabdingbaren Voraussetzung allen praktischen Rechts geworden.

Viertes Kapitel: Volkstribun Canuleius

1. Einleitung

Das Zwölftafelgesetz hatte zwar die erhoffte Rechtssicherheit gebracht, aber das einseitige Schuldrecht und das Eheverbot zwischen den Ständen muß von der Plebs als diskriminierend empfunden worden sein.
Wir dürfen natürlich hier nicht von der Vorstellung ausgehen, die Plebs als Einheit mit einheitlichem politischen Wollen zu sehen. Vielmehr sind alle Nicht-Patrizier eben Plebejer.
Die sozialen Unterschiede innerhalb der Plebs sind im Laufe der Zeit gewachsen. So sind also auch die politischen Ziele der verschiedenen Gruppen innerhalb der Plebs durchaus unterschiedlich: Während die untersten Schichten wohl in erster Linie an einer wirtschaftlichen Absicherung interessiert waren, dachten die führenden Plebejer, die zu Reichtum, Ansehen usw. gekommen waren, sicher bei ihrem Kampf gegen die alte Adelsrepublik an politische Gleichstellung, an freie Bahn für den Tüchtigen. Nicht mehr die patrizische Herkunft, sondern die Leistung des einzelnen sollte zählen.
Geschickte Volkstribune verstanden es immer wieder, beide Grundströmungen unter einen Hut zu bringen und so die zur Erringung des Sieges über die Patrizier nötige Macht der Plebs hinter sich zu vereinigen.
Einer dieser begabten Politiker war der Volkstribun C. Canuleius (445 v. Chr.).

2. Neue Forderungen der Volkstribunen (IV, 1, 1—3)

1 Hos secuti M. Genucius et C. Curtius consules. Fuit annus
domi forisque infestus. Nam [anni] principio et de conubio
patrum et plebis C. Canuleius tribunus plebis rogationem
promulgavit, qua contaminari sanguinem suum patres con-
2 fundique iura gentium rebantur, et mentio primo sensim
inlata a tribunis ut alterum ex plebe consulem liceret fieri,
eo processit deinde ut rogationem novem tribuni promulga-
rent, ut populo potestas esset, seu de plebe seu de patribus
3 vellet, consules faciendi. Id vero si fieret, non volgari modo
cum infimis, sed prorsus auferri a primoribus ad plebem
summum imperium credebant.

ÜBERSETZUNGSHILFEN

1. **infestus** — „unruhig"; **conubium** — gemeinsame Heirat zwischen Patriziern und Plebejern; **rogatio** — Antrag.

2. **contaminare** — beflecken, entehren; **confundere** — zusammenschütten, vermischen; **mentio** — Erwähnung; **sensim** — allmählich; **iura gentium** — Rechte der „gentes" (= patriz. Großfamilien).

3. **volgare** (vulgare) — allgemein machen (vgl. vulgus — Volk); **prorsus** — ganz und gar.

KOMMENTAR

1. Die Konsuln geben das Jahr 445 an. Es sind erst 10 Jahre seit der Festschreibung des Eheverbots in dem Zwölftafelgesetz verstrichen. Vermutlich ist in dieser Zeit die Diskussion über das Eheverbot nie ganz verstummt.

2. **iura gentium:** Hier wird der Vorwurf geäußert, die Plebejer wollten sich in die alten Rechte (iura) der patrizischen „gentes" (Stämme, Sippen, Großfamilien, an deren Spitze der jeweilige „pater" steht) einmischen. Diese patrizische Ordnung wird als „gottgewollt" eingestuft.

alterum consulem: Nach Bleicken, a.a.O. 68, müssen wir annehmen, daß der Konsulat als Amt noch nicht eingeführt war. Der Kampf der Plebejer um das höchste Staatsamt findet erst im folgenden Jahrhundert statt. Fest steht, daß die Plebejer zunächst nach dem Militärtribunat strebten. Die Tradition schreibt dies ebenfalls Canuleius zu, während die modernen Historiker dies eher mit dem Krieg gegen Veii in Verbindung bringen. Die römische Republik wird erst im Ständekampf geprägt und ist nicht nach dem Sturz der Tarquinier irgendwann endgültig eingeführt worden.

AUFGABEN

a) Wer ist an einer Einheirat in patrizische Geschlechter interessiert? (cui bono?).
b) Untersuchen Sie, ob Canuleius mit seinen Forderungen die gesamte Plebs bedenkt!
c) Welche Folgen hat (hätte) die Möglichkeit der Eheschließung zwischen den beiden Ständen?
d) **infimis:** Wird die Staatsmacht (imperium) tatsächlich den Untersten zuteil?

3. Reaktion des Senats auf die Forderungen des Canuleius (IV, 2, 5—8)

In dieser Situation hört der Senat voll Freude, daß ein Krieg drohe. Die von außen drohende Gefahr, so hofft man, werde das Volk zwangsläufig einigen und die Volkstribunen zur Zurücknahme ihrer Forderungen bewegen. Aber Canuleius sorgt dafür, daß sich niemand zum Kriegsdienst meldet. Es kommt also wieder einmal zu einem Massenungehorsam der Plebs.
Da empören sich die Senatoren:

... quas quantasque res C. Canuleium adgressum! con-
luvionem gentium, perturbationem auspiciorum publicorum
privatorumque adferre, ne quid sinceri, ne quid incontami-
nati sit, ut discrimine omni sublato nec se quisquam nec
6 suos noverit. quam enim aliam vim conubia promiscua habere
nisi ut ferarum prope ritu volgentur concubitus plebis patrum-
que? ut qui natus sit ignoret, cuius sanguinis, quorum sacro-
rum sit; dimidius patrum sit, dimidius plebis, ne secum qui-
7 dem ipse concors. parum id videri quod omnia divina
humanaque turbentur: iam ad consulatum volgi turbatores
accingi. et primo ut alter consul ex plebe fieret, id modo
sermonibus temptasse; nunc rogari ut seu ex patribus seu
ex plebe velit populus consules creet. et creaturos haud dubie
ex plebe seditiosissimum quemque; Canuleios igitur Icilios-
8 que consules fore. ne id Iuppiter optimus maximus sineret
regiae maiestatis imperium eo recidere; et se miliens mori-
turos potius quam ut tantum dedecoris admitti patiantur.

ÜBERSETZUNGSHILFEN

5. **Canuleium adgressum** — indirekte Rede; **adgredi** (aggredi) — sich (feindlich) nähern, angreifen; **conluvio** — Zusammenfluß; **perturbatio** — Verwirrung; **auspicium adferre** — das Recht, Auspicien aufzustellen; **sincerus** — rein, unversehrt; **incontaminatus** — unbefleckt; **discrimen** — Unterschied; **sublato:** tollere — aufheben, beseitigen; **novisse** — kennen.
6. **vis** — „Auswirkung"; **conubia promiscua** — „Mischehen"; **ritus** — Gewohnheit; **concubitus** — Beisammenliegen, Beischlaf, Begattung; **sacrum** — Opfer (s. Kommentar!).
7. **parum** — zu wenig; **videri** — scheinen; **accingi** (medial) — sich rüsten; **temptare** — versuchen; **rogare** — einen Antrag stellen; **seditiosus** — aufrührerisch; **quisque** b. Superlativ: gerade der ...; **Canuleios, Icilios** — Leute vom Schlage eines C. oder I.

8. **mil(l)iens** — tausendmal; **potius** — eher, lieber; **dedecus** — Schande; **admittere** — zulassen, erlauben.

KOMMENTAR

5. **auspicia** (auspicium): Vgl. Kommentar zu III, 32, 3: augur! auspicium ist die verkürzte Form von avisspicium, „Vogelschau", die ursprünglich priesterliche Deutung der Zukunft durch bestimmte Himmelszeichen, besonders des Verhaltens bestimmter Vögel (s. Komm. III, 32, 3!). Die römischen Beamten haben das Recht und die Pflicht, vor wichtigen Entscheidungen die Auskunft der Auspicien einzuholen. Sie können dies selbst oder durch die Auguren vornehmen lassen. Auch vor Einberufung der Versammlungen (comitia) sind die Auspicien zu befragen.
Der Beamte besitzt das Recht der Auspicien kraft seines Amtes, seiner Amtsgewalt (imperium). Aus dem Recht auf die Auspicien leitet sich sogar möglicherweise das gesamte „imperium" des Beamten ab. Nach Ablauf der Amtszeit fällt dieses Recht wieder an die „patres" zurück.
Das Recht der Auspicien ist also zugleich der alleinige Besitz der politischen Staatsmacht. Nach der Tradition besitzt kein Plebejer diese Auspicien, d. h.: Plebejer sind von allen Ämtern ausgeschlossen.
6. **sacra** (sacrum) — Opfer: Es gab in Rom öffentliche und private „sacra" (sacra publica/sacra privata). Die privaten untergliederten sich in: sacra gentilicia und sacra familiarum.
Die sacra gentilicia wurden von einer ganzen gens („Sippe") gefeiert und konnten recht kostspielig werden. Sie unterstanden staatlicher Überwachung.
Die sacra familiarum hingegen wurden vom pater familias am Hausaltar (Larenheiligtum etc.) durchgeführt.
„cuius sanguinis und sacrorum" — ist also hier übertragen gemeint und auf die Herkunft bzw. Abstammung anzuwenden.
7. **Icilios:** Die Icilii waren ein plebeisches Geschlecht, das sich im Ständekampf schon bei der Auswanderung auf den Hl. Berg einen Namen gemacht hatte. 492 bereits soll ein Icilier Volkstribun und später Ädil gewesen sein. 456 soll ein Icilier den Volkstribunen das Recht erstritten haben, den Senat einzuberufen, ein Icilier war maßgeblich am Sturz der (patrizischen) Dezemvirn beteiligt; wiederholt wurde nach der Überlieferung von Iciliern ein Ackergesetz vorgeschlagen, lange vor den Volkstribunen Licinius und Sextius, die es schließlich durchsetzten. Wenn ein Patrizier also von einem „Icilius" spricht, so hat dieser Begriff inzwischen allgemeine Bedeutung gewonnen. Unser Canuleius ist also auch so ein „Icilius".

AUFGABE

a) Analysieren Sie kritisch die Argumente der Senatoren!
b) Warum nennt Livius den Konsulat (oder die Prätur) ein „regiae maiestatis imperium"?

4. Canuleius vor der Versammlung der Plebs
(IV, 3,1—9 [gekürzt])

3 Cum maxime haec in senatu agerentur, Canuleius pro
2 legibus suis et adversus consules ita disseruit: ‚Quanto opere
vos, Quirites, contemnerent patres, quam indignos ducerent
qui una secum urbe intra eadem moenia viveretis, saepe
3 equidem et ante videor animadvertisse, nunc tamen maxime
quod adeo atroces in has rogationes nostras coorti sunt,
quibus quid aliud quam admonemus cives nos eorum esse
et, si non easdem opes habere, eandem tamen patriam
4 incolere? Altera conubium petimus, quod finitimis exter-
nisque dari solet; nos quidem civitatem, quae plus quam
5 conubium est, hostibus etiam victis dedimus: altera nihil
novi ferimus, sed id quod populi est repetimus atque usur-
pamus, ut quibus velit populus Romanus honores mandet.
Quid tandem est cur caelum ac terras misceant, cur in me
6 impetus modo paene in senatu sit factus, negent se manibus
temperaturos, violaturosque denuntient sacrosanctam potes-
7 tatem? Si populo Romano liberum suffragium datur, ut
quibus velit consulatum mandet, et non praeciditur spes
plebeio quoque, si dignus summo honore erit, apiscendi
summi honoris, stare urbs haec non poterit? de imperio
actum est? et perinde hoc valet, plebeiusne consul fiat,
tamquam servum aut libertinum aliquis consulem futurum
dicat? Ecquid sentitis in quanto contemptu vivatis? Lucis
8 vobis huius partem, si liceat, adimant; quod spiratis, quod vo-
9 cem mittitis, quod formas hominum habetis, indignantur. Quin
etiam, si dis placet, nefas aiunt esse consulem plebeium fieri.

Als Beleg für seine Behauptungen bringt Canuleius anschließend historische Beispiele. Als herausragenden Fall erwähnt er den Sabiner Claudius, der nach Rom gekommen und in den Patrizierstand aufgenommen wurde. Seine Familie, die Claudier, hätten es zu höchsten Ämtern gebracht. Canuleius verschweigt allerdings, daß die Claudier die letzte Familie waren, denen dieser Sprung gelang. Anschließend schloß sich der Stand der „patres" hermetisch gegen jeden Zuzug ab.

ÜBERSETZUNGSHILFEN

1. **maxime** — sehr erregt.
2. **quanto opere** — wie sehr; **contemnere** — verachten; **animadvertere** — bemerken; **Quirites** (feierlich!) — Mitbürger.

3. **maxime** — s. o. S. 1; **coorti**: cooriri — sich gemeinsam erheben (gegen).
4. **altera - altera** (rogatione): mit dem einen — mit dem andern Antrag; **civitas** — Bürgerrecht.
5. **ferire** — „anstreben"; **usurpare** — Gebrauch machen, benutzen; **honores** — (Ehren-)Ämter; **mandare** — anvertrauen.
6. **manibus temperare** — die Hände zurückhalten, nicht handgreiflich werden.
7. **praecidere** — abschneiden; **stare** — „aushalten, überleben"; **perinde** — ebenso.
8. **adimere** — wegnehmen; **indignari** — sich empören.
9. **quin etiam** — ja sogar; **nefas** — eine Gottlosigkeit.

KOMMENTAR

In diesem Kapitel läßt Livius den Tribunen Canuleius eine Ansprache an seine Mitbürger (Quirites) halten. Die gesamte Rede ist von unserem Schriftsteller, wie in der Antike üblich, frei erfunden. Livius faßt in dieser Rede die Argumente der Plebejer zusammen, wie sie seiner Meinung nach hätten gesagt werden müssen.

1. **maxime**: gibt die Stimmung im Senat an; **pro legibus**: Auch revolutionär durchgesetzte Forderungen bezeichnet der Römer später als „lex". Der Volkstribun besaß damals nämlich noch nicht das Recht, Gesetze zu beantragen und vom „concilium plebis" beschließen zu lassen. Wann überhaupt diese sogenannten „Plebiscite" Gesetzeskraft erlangten, ist umstritten.

6. **sacrosanctam potestatem**: die trubunicia potestas, entstanden 494.

7. **consul**: Da der Begriff „consul" möglicherweise erst später entstanden ist, also ein Ergebnis des Ständekampfes darstellt, und der damalige erste Beamte ein Prätor war, bedeutet hier das Wort „consul", daß die Plebejer Anteil an der höchsten Staatsmacht gewinnen wollen.

9. **nefas**: ein verbrecherisches Vorgehen gegen die Götter. Wie in späteren Zeiten, als sich die Könige „von Gottes Gnaden" nannten, wird also versucht, die politische Ordnung religiös zu rechtfertigen.

AUFGABEN

1. warum wird „maxime" verhandelt?
5. id quod populi est usw., quibus velit ...,
7. liberum suffragium usw. Welche Staatsauffassung bekundet Canuleius-Livius mit diesen Wendungen aus Satz 5 und 7?

ALLGEMEINE AUFGABEN

a) Untersuchen Sie die Rede stilistisch: Mit welchen Mitteln arbeitet der Redner?
b) Untersuchen Sie die Argumente des Redners!
c) Versuchen Sie, die Position von Livius herauszufinden!

5. Canuleius: Roms Ämter sind allmählich entstanden
(Livius IV, 4, 1—4)

4 At enim nemo post reges exactos de plebe consul fuit.
Quid postea? Nullane res nova institui debet? et quod
nondum est factum — multa enim nondum sunt facta in novo
2 populo —, ea ne si utilia quidem sunt fieri oportet? Ponti-
fices, augures Romulo regnante nulli erant; ab Numa Pom-
pilio creati sunt. Census in civitate et discriptio centuriarum
3 classiumque non erat; ab Ser. Tullio est facta. Consules
nunquam fuerant; regibus exactis creati sunt. Dictatoris
nec imperium nec nomen fuerat; apud patres esse coepit.
Tribuni plebi, aediles, quaestores nulli erant; institutum est
ut fierent. Decemviros legibus scribendis intra decem hos
4 annos et creavimus et e re publica sustulimus. Quis dubitat
quin in aeternum urbe condita, in immensum crescente nova
imperia, sacerdotia, iura gentium hominumque instituantur?

ÜBERSETZUNGSHILFEN

1. **debere, oportere** — „dürfen“.
2. **census** — Zensus, Steuereinschätzung; **discriptio centuriarum classium** — Die Zenturieneinteilung (der Volksversammlung).

KOMMENTAR

1. **nemo de plebe** — eine ganz nüchterne Feststellung.
2. **pontifex** — „Brückenbauer", die pontifices bilden das wichtigste Priesterkollegium Roms. An ihrer Spitze steht der „pontifex maximus". Sie sollen nach der Sage von Numa eingesetzt worden sein. Dieser war angeblich der zweite König Roms.
augures: s. hier Kap. 3 (zu Liv. IV, 2), Kommentar zu Satz 5. S. 81.
census: die von den „censores" alle 5 Jahre durchgeführte Vermögensschätzung, die zu einer Einteilung in 5 Vermögensklassen führte. Censor konnten nur Männer mit großer politischer Erfahrung werden, deren Sittenstrenge als erwiesen galt. Das Amt genoß höchstes Ansehen, und seine strengen Träger waren geachtet und gefürchtet. Am bekanntesten wohl Cato d. Ä. „Censorius". Der Zensus führte indirekt auch zu einer Bevölkerungsstatistik.
centuriarum classium: Die damals übliche Volksversammlung war die in militärischer Zenturienordnung. Das „concilium plebis" besaß noch nicht das Recht, Gesetze (Plebiszite) zu verabschieden. Über die Zenturiatkomitien s. o. Volkstribunat 4, 2 a!
3. **dictator, consul:** Wie gesagt vermutlich erst nach dem Ständekampf entstandene Ämter.

AUFGABEN

a) Wie interpretiert Canuleius Entstehen und Entwicklung der Republik?
b) Vergleichen Sie die in dieser Rede vorgetragene Meinung mit der schon wiederholt zitierten modernen Auffassung, die Republik sei nicht nach Vertreibung der Könige „eingeführt" worden, sondern erst im sog. Ständekampf entstanden!
c) Beurteilen Sie bitte allgemein die Möglichkeit, daß ein Staat eine so gute, so perfekte Verfassung hat, daß daran für alle Zeiten nichts mehr zu ändern ist!

6. Canuleius über das Verbot der ständeübergreifenden Eheschließung

(Livius IV, 4, 5—9)

5 Hoc ipsum, ne conubium patribus cum plebe esset, non
decemviri tulerunt paucis his annis pessimo publico, cum
summa iniuria plebis? An esse ulla maior aut insignitior
contumelia potest quam partem civitatis velut contaminatam
6 indignam conubio haberi? Quid est aliud quam exsilium
intra eadem moenia, quam relegationem pati? Ne adfinita-
tibus, ne propinquitatibus immisceamur cavent, ne societur
7 sanguis. Quid? hoc si polluit nobilitatem istam vestram,
quam plerique oriundi ex Albanis et Sabinis non genere nec
sanguine sed per cooptationem in patres habetis, aut ab
regibus lecti aut post reges exactos iussu populi, sinceram
servare privatis consiliis non poteratis, nec ducendo ex plebe
neque vestras filias sororesque ecnubere sinendo e patribus?
8 Nemo plebeius patriciae virgini vim adferret; patriciorum
ista libido est; nemo invitum pactionem nuptialem quem-
9 quam facere coegisset. Verum enimvero lege id prohiberi
et conubium tolli patrum ac plebis, id demum contumeliosum
plebi est.

ÜBERSETZUNGSHILFEN

5. **tulerunt:** (legem) ferre; **pessimo publico** — ,,zum größten Schaden für den Staat; **cum** — verbunden mit; **insignitus** — hervorstechend, auffallend; **contaminare** — beflecken, entweihen; **habere** mit dopp. Akk. — halten für.

6. **moenia** Stadtmauern; **relegatio** — Verbannung; **adfinitas** (affinitas) — (aus ad-finis) — ,,Verschwägerung"; **propinquitas** — ,,Nähe", Verwandtschaft; **sociare** (vgl. socius) — vereinigen, verbinden.

7. **polluit** (Präsens!) — **polluere, polluo** — beschmutzen, besudeln; **si** — als ob; **quam** (Relativpr.) — beherrscht den gesamten weiteren Satz; **oriundus** — abstammend (vgl. das Deponens oriri); **sanguis** — Blut; **cooptatio** — Ergänzungswahl; **lecti:** legere — auswählen; **exactus:** exigere — vertreiben; **sincerus** — unbefleckt, rein(rassig); unvermischt; **ducendo** (zu erg. ,,in matrimonium") — wegen des Einheiratens (von plebejischen Männern); **ecnubere e patribus** — aus dem Stand der Patrizier hinausheiraten, wegheiraten (von patrizischen Frauen).

8. **libido** — Lust, Ausschweifung; **patriciorum** — Genetiv der Eigenschaft; **pactio** — Übereinkommen, Vertrag; **pactio nuptialis** — Ehevertrag.

5. **decemviri:** Im Zwölftafelgesetz war das conubium erstmals ausdrücklich verboten worden. Aus einem Brauch war ein Gesetz geworden.
6. In späterer Zeit bedeutet „exilium" Verbannung aus Italien. Hier wohl nur zu einem Nachbarvolk. Coriolan soll zu den Volskern ins Exil gegangen sein. Die „relegatio" ist dagegen eine mildere Bestrafung. Man mußte lediglich die Stadt Rom verlassen. Hier beide als Hendiadyoin zusammengefaßt. „affinitas" und „propinquitas" werden häufig nebeneinander gebraucht. Man vgl. unser „verschwistert und verschwägert".
7. **nobilitas:** Hier allgemein „Adel". Später versteht man unter der „Nobilität" den Amtsadel der römischen Republik nach den Ständekämpfen.
ducendo: Heiratet ein Römer, so sagt er: „in matrimonium ducere" = in die Mutterschaft führen (Sinn der Ehe!). Vgl. italienisch: matrimonio — Ehe. Die Frau hingegen nennt heiraten: „nubere". nubere (vermutlich mit nubes — Wolke verwandt) bedeutet: „verhüllen". Die Römerin ging verhüllten Hauptes ihrem Bräutigam entgegen. Sie war mit dem „flammeum (velum)" verschleiert, dem „Feuerroten Brautschleier".
8. **patriciorum libido:** Dieser verallgemeinerte (zynische) Vorwurf bezieht sich wohl auf den Dezemvirn Appius Claudius. Dieser soll die schöne Plebejerin Verginia leidenschaftlich begehrt haben. Als er sie schon fast in seiner Gewalt hatte, soll ihr Vater, Verginius, seine Tochter getötet haben, um sie vor der drohenden Schande zu bewahren. — Abgesehen davon, daß die modernen Historiker nicht recht an das zweite Amtsjahr der Dezemvirn glauben wollen, gleicht die Verginia-Erzählung dem Schicksal der Lukretia, die von einem Sohn des Tarquinius Superbus vergewaltigt worden sein soll. Beidesmal kam es anschließend zum Sturz der Tyrannei. Vgl. Lessing, „Emilia Galotti"!

AUFGABEN

5. Schlagen Sie nach, was die Dezemvirn über das „conubium" angeordnet haben! pessimo publico: Warum?
7. Untersuchen Sie genau, wie Canuleius (Livius?) zu dem Argument der Reinrassigkeit des römischen Adels Stellung nimmt!
8. Canuleius behauptet, Vergewaltigung sei kein plebejisches Laster, sondern es sei Art der Patrizier.
Beurteilen Sie dieses Argument! Zu welchem Stilmittel greift der Redner?

7. Eine Standesschranke wird durchbrochen
(Livius IV, 6, 1—4)

6 Cum in contionem et consules processissent et res a per-
petuis orationibus in altercationem vertisset, interroganti tri-
2 buno cur plebeium consulem fieri non oporteret, ut fortasse
vere, sic parum utiliter ⟨alter⟩ in praesens certamen respon-
dit, quod nemo plebeius auspicia haberet, ideoque decemvi-
ros conubium diremisse ne incerta prole auspicia turbarentur.
3 Plebes ad id maxime indignatione exarsit, quod auspicari,
tamquam invisi dis immortalibus, negarentur posse; nec
ante finis contentionum fuit, cum et tribunum acerrimum
auctorem plebes nacta esset et ipsa cum eo pertinacia certa-
ret, quam victi tandem patres ut de conubio ferretur con-
4 cessere, ita maxime rati contentionem de plebeiis consulibus
tribunos aut totam depósituros aut post bellum dilaturos
esse, contentamque interim conubio plebem paratam dilec-
tui fore.

ÜBERSETZUNGSHILFEN

1. **et** — sogar; **perpetuus** — ständig, andauernd; **altercatio** — Wortwechsel.

2. **fortasse** — vielleicht; **ut fortasse . . . utiliter:** eingeschobene eigene Meinung des Schriftstellers, bei der ersten Übersetzung zunächst auslassen! (**alter**): alter consul; **auspicia** usw. s. o. Kommentar zu IV, 2, 5 (Canuleius 3); **ideo** — daher; **dirimere** (aus disemere — auseinandernehmen) — verhindern; **proles** — Nachkomme, Geschlecht; **turbare** — in Unordnung bringen, verwirren.

3. **auspicari:** s. o. Komm. zu IV, 2, 5 (Canuleius 3.); **invisus** — verhaßt; **nec ante . . . quam** gehört zusammen: **antequam** — bevor; **contentio** — Streit; **nacta:** nancisci — (zufällig) erlangen, bekommen; **pertinacia** — Sturheit, Unnachgiebigkeit; **ferretur:** legem ferre; **rati:** reri (Depon.) — glauben, meinen; **deponere** — ab-, niederlegen; **dilaturos:** differre — aufschieben; **contentus** (m. Abl.) — zufrieden.

KOMMENTAR

1. mit „contio“ (entstanden aus con venire) muß die vom Tribunen einberufene Versammlung der Plebs gemeint sein. Die Konsuln gehen hin und mischen sich ein. Die Folge: „in altercationem“.
2. **„ut fortasse . . . utiliter“:** Livius gibt, — wenn auch vorsichtig —, seine Zurückhaltung auf und äußert seine eigene Meinung.
„nemo plebeius auspicia haberet“: Eine fast in Form eines Sprichwortes feststehende Redewendung, mit der die Patrizier ihren alleinigen Anspruch auf Aufstellung der „auspicia“, d. h. auf politische, religiöse und militärische Führung, verteidigen. Die kurz zuvor geäußerten Argumente des Canuleius werden schlicht überhört.
3. **tamquam invisi dis:** Die religiös völlig unbegründete Anmaßung der „auspicia“ durch die Patrizier wird erkannt.
4. **de plebeiis consulibus:** Die Fragwürdigkeit dieser Forderungen wurde schon wiederholt angeschnitten.
paratam dilectui: Nur aus Not, nicht aus Überzeugung und Reformwillen gibt der Senat nach.

AUFGABEN

1. Stellen Sie den Unterschied zwischen der Zenturiatsversammlung und der Versammlung der Plebs (comitia centuriata/ concilium plebis) fest!
altercatio: Welchen Verlauf nimmt die Versammlung durch das Auftreten der Konsuln?
2. **ut fortasse . . . utiliter:** Stellen Sie die Meinung des Livius fest und überprüfen Sie diese Ansicht!
„nemo plebeius auspicia habet“, sagen die Patrizier gewöhnlich. Woher stammt diese Anschauung? Wie steht es mit ihrer Berechtigung?
3. **tamquam dis invisi:** Konnten die Plebejer überhaupt die Staatsführung übernehmen, oder mußte eine solche Umkehrung der politischen Verhältnisse nicht zum Chaos führen?
4. Warum lassen es die Patrizier wieder zu, daß ein „conubium“ möglich wird?
In wessen Interesse stand die Zulassung des „conubium“?

Kontrasttext

(aus: Jochen Bleicken, Rom und Italien, in: Rom und die Römische Welt. Propyläen Weltgeschichte. 4.Bd. Propyläen Verlag, Berlin-Frankfurt/M.-Wien 1962. S. 66)

In der Mitte des 5. Jahrhunderts gelang den Plebejern noch ein letzter Erfolg. Die Zwölf Tafeln hatten den starren Standesunterschied zwischen Plebejern und Patriziern unangetastet gelassen. Nicht lange danach wurde dann auch das Eheverbot zwischen den beiden Ständen aufgehoben, was die Verschmelzung der beiden sozialen Schichten ermöglichte. Selbstverständlich galt das Recht der Einheirat in die patrizischen Familien nicht für jedermann, sondern nur für die reichen und angesehenen Plebejer. Aber mehr wollte man gar nicht; immerhin war die Ehefähigkeit eines Plebejers mit einer Patrizierin grundsätzlich festgestellt. Die privatrechtliche Gleichstellung war damit errungen.
Nach der Tradition soll die Aufhebung des Eheverbots im Jahre 445 v. Chr. durch ein Gesetz des Volkstribunen Canuleius erfolgt sein *(lex Canuleia)*. Daran ist wohl nur der Name des Tribunen historisch, denn die Versammlung der Plebs, die allein Anträge der Volkstribune entgegennehmen konnte, war als revolutionäre Einrichtung gar nicht fähig, Gesetze zu beschließen. Das neue Eherecht ist gewiß überhaupt nicht gesetzlich fixiert worden; es wurde einfach dadurch wirksam, daß man der Heirat zwischen Angehörigen der beiden Stände praktisch keinen Widerstand mehr entgegensetzte, sondern sie als rechtsgültig anerkannte. Canuleius wird sich wohl nur für die Sache eingesetzt haben.

AUFGABE

Vergleichen Sie die Texte von Livius und Bleicken und arbeiten Sie Unterschiede zwischen der traditionell-römischen und der modernen Auffassung heraus!

8. Einsetzung des Militärtribunates (Livius IV, 6. 5—12)

5 Cum Canuleius victoria de patribus et plebis favore ingens
esset, accensi alii tribuni ad certamen pro rogatione sua
summa vi pugnant et crescente in dies fama belli dilectum
6 impediunt. Consules, cum per senatum intercedentibus tri-
bunis nihil agi posset, concilia principum domi habebant.
Apparebat aut hostibus aut civibus de victoria concedendum
7 esse. Soli ex consularibus Valerius atque Horatius non
intererant consiliis. C. Claudi sententia consules armabat in
tribunos, Quinctiorum Cincinnatique et Capitolini sententiae
abhorrebant a caede violandisque quos foedere icto cum
8 plebe sacrosanctos accepissent. Per haec consilia eo deducta
est res, ut tribunos militum consulari potestate promisce ex
patribus ac plebe creari sinerent, de consulibus creandis
nihil mutaretur; eoque contenti tribuni, contenta plebs fuit.
9 Comitia tribunis consulari potestate tribus creandis indicun-
tur. Quibus indictis, extemplo quicumque aliquid seditiose
dixerat aut fecerat unquam, maxime tribunicii, et prensare
10 homines et concursare toto foro candidati coepere, ut patri-

ÜBERSETZUNGSHILFEN

5. **ingens** (aus in-genuo = sich ins Große steigern) — sehr stark; gewaltig; **accensi:** accendere — in Flammen setzen, „antreiben“; **rogatio** (vgl. rogare) — das Anfragen beim Volk, die Gesetzesvorlage.

6. **apparere** — deutlich werden (apparet, apparuit mit a.c.i. als Subj.); **concedendum** (Gerundivum) — concedere — „nachgeben“.

7. **consularis** — Konsular, ehemaliger Konsul; **sententia** (vgl. sentire) — Meinung, Meinung eines Senators in der Kurie = Votum; **consules armare** — die Konsuln „zum bewaffneten Vorgehen auffordern“; **abhorrere** — zurückschrecken; **caedes** — Mord; **icto:** icere, icio, ici, ictum — treffen; **foedus icere** — ein Bündnis schließen; **sacrosanctus** — „heilig und unverletzlich“; **accipere** — „anerkennen“.

8. **deducta** = ducta; **tribunus militum** — Militärtribun; promisce (Adverb) — vermischt = ohne Unterschied.

9. **extemplo** — sofort; **umquam** — jemals; **tribunicius** — ehemaliger Volkstribun; **prensare** (eig. prehensare) — um das (ein) Amt bitten (entstanden aus: prehendere, Intensivum. Eig. Bedeutung: jemanden an der Hand fassen, um ihn um etwas zu bitten); **concursare** (Intensivum zu concurrere) — ständig zusammenkommen; **candidati:** Prädikativ: als Kandidaten.

5. **rogatio** (von rogare) nennt man in Rom das Ersuchen an die gesetzgebende Volksversammlung, also hier an die Zenturiatkomitien, um Zustimmung zu einer Gesetzesvorlage. Canuleius besitzt als Volkstribun jedoch nicht das Recht, solche Vorschläge zu machen, da er kein eigentlicher Beamter ist.
dilectum impediunt: das alte und immer erfolgreiche Mittel zur Durchsetzung plebejischer Forderungen.
6. **intercedentibus tribunis:** Die Tribune besaßen seit einiger Zeit (genauer Zeitpunkt unklar) das Recht vom Eingang her ihr „veto" in den Senat zu rufen.
7. **Claudii:** die bekannte plebsfeindliche Haltung der Claudier.
Capitolinum: Über Manlius Capitolinus, benannt nach seinem Haus auf dem Kapitol, folgt im nächsten Kapitel Näheres.
foedere icto/sacrosanctos: gemeint ist die lex sacrata, durch die nach der Auswanderung auf den Hl. Berg der Volkstribunat eingeführt wurde.
8. **consulari potestate:** Statt des einen Prätors (oder der zwei Konsuln) sollen drei Militärtribune eingesetzt werden. Hier deutet sich bereits die spätere Drittelung der höchsten Staatsmacht von 366 (zwei Konsuln, ein Prätor) an. Die Anzahl der Militärtribune schwankte allerdings (s. Kontrasttext).

AUFGABEN

5. Warum spricht Livius von „rogatio" und „lex", wo wir nur ein mehr oder weniger gewaltsames Durchsetzen der plebejischen Forderungen erkennen?
dilectum impediunt: Nennen Sie ähnliche Maßnahmen der Plebejer und untersuchen Sie, ob man damit Erfolg hatte!
Warum nutzt die Plebs ihre physische Überlegenheit nicht radikal aus?
6. Beschreiben Sie kurz das ursprüngliche Recht der Volkstribunen („ius auxilii") und beurteilen Sie die Bedeutung des dazugewonnenen „Veto-Rechts"!
7. **foedere icto:** Beschreiben Sie die getroffene Vereinbarung!

cios desperatio primo inritata plebe apiscendi honoris,
deinde indignatio, si cum his gerendus esset honos, deterreret.
Postremo coacti tamen a primoribus petiere, ne cessisse pos-
11 sessione rei publicae viderentur. Eventus eorum comitiorum
docuit alios animos in contentione libertatis dignitatisque,
alios secundum deposita certamina incorrupto iudicio esse;
tribunos enim omnes patricios creavit populus, contentus eo
12 quod ratio habita plebeiorum esset. Hanc modestiam aequi-
tatemque et altitudinem animi ubi nunc in uno inveneris,
quae tum populi universi fuit?

ÜBERSETZUNGSHILFEN

10. **desperatio** (aus de-sperare) — Verzweiflung; **inritata:** irritare oder inritare — erregen, zum Zorn reizen; **apiscendi:** apisci, apiscor, aptus sum — erreichen; **honos** — Ehren-(Amt), politisches Amt; **coacti:** cogere — zwingen; **petiere** = petiverunt; **petere** — „sich bewerben“.
11. **eventus** — Ausgang, Ergebnis; **secundum** — nach; **deponere** — ab-, niederlegen; **quod** — daß; **ratio** (reri!) Rechnung, Überlegung, „das durchgeführte Verfahren“.

KOMMENTAR

11.—12. Livius münzt die von der modernen Forschung (s. Kontrasttext) völlig anders gedeutete Einsetzung der Militärtribune in eine Ruhmesgeschichte der von Eintracht, Gerechtigkeit und Vernunft bestimmten frühen Republik um.

AUFGABE

11.—12. In diesen Sätzen rühmt Livius die Einigkeit und den politischen Weitblick der Bürger. Nehmen Sie dazu kritisch Stellung!

Kontrasttext

„Mit den ewigen Grenzkriegen und nicht mit dem Ständekampf, wie unsere Überlieferung es will, die durch die Listen (Beamtenlisten) widerlegt wird, dürfte es dagegen zusammenhängen, daß bereits im Jahre 444 Militärtribunen mit konsularischer Amtsgewalt an die Spitze der Gemeinde gestellt wurden. Wurden sie zunächst nur im Bedarfsfalle gewählt, und wurde dementsprechend auch ihre Zahl den wechselnden Bedürfnissen angepaßt, — die zahlenmäßige Zusammensetzung des Kollegiums gestattet Rückschlüsse auf den langsamen Ausbau des Heeres! —, so amtierten sie in den Jahrzehnten vor 367 ausschließlich. Zu diesem Amte, das nicht wie der Konsulat durch die Tradition geschützt war, erkämpften sich die Plebejer noch im fünften Jahrhundert den Zugang, als 404 ein Plebejer Quästor und drei Jahre darauf Konsulartribun wurde."

(Fritz Taeger, Das Altertum, Geschichte und Gestalt der Mittelmeerwelt. 2 Bde. 6. Auflage 1958. Kohlhammer Verlag, Stuttgart. S. 493 f.)

Fünftes Kapitel: Triumph und Katastrophe des patrizischen Rom

1. Der (letzte) Triumph

Ungefähr 20 km nördlich von Rom kann man noch heute den öden Stadthügel der einstmals so blühenden Stadt Veji besichtigen. Die Trümmer geben nur ein sehr unzureichendes Zeugnis über die Blüte dieser Stadt um 400 v. Chr. In dieser Zeit standen sich diese Etruskerstadt und Rom in erbitterter Feindschaft gegenüber. Beide waren bei der Erweiterung ihres Territoriums aufeinander gestoßen, nur eine konnte Herrin über Mittelitalien werden.

Rom erwies sich in zehnjährigem Ringen als die stärkere Militärmacht und eroberte die Stadt. Sie wurde geplündert und dem Erdboden gleichgemacht. Die Einwohner, soweit sie die Katastrophe überlebt hatten, wurden in die Sklaverei verkauft. Vielleicht hätte Rom im Falle einer Niederlage ein ähnlich erbarmungsloses Geschick ereilt.

Durch diesen Sieg verdoppelte Rom im Jahre 396 v. Chr. sein Staatsgebiet, indem der „ager Veiens" angegliedert wurde.

Der römische Feldherr M. Furius Camillus kehrte in nie dagewesenem Triumph in seine Vaterstadt zurück.

2. Die Katastrophe

„Die Plebejer strebten zunächst danach, das Militärtribunat zu besetzen. In dem langen veientischen Krieg, in dem sich gewiß mancher Plebejer hervortat und mancher Patrizier versagte, war ohne Zweifel häufiger versucht worden, diese patrizische Bastion zu stürmen, wir können nicht genau sagen, ob mit Erfolg. Wenn es je gelang, dann jedenfalls nur in sehr seltenen Fällen. Im ganzen konnten die Patrizier ihre Position behaupten. Dann aber kam die Katastrophe, die Eroberung Roms durch die Gallier. Der römische Staat stürzte plötzlich ins Nichts. Diese Niederlage war aber zugleich die Niederlage der Patrizier; das furchtbare Ereignis stellte die festgefügte, auf ewigen Traditionen ruhende Welt des patrizischen Staates mit einem Schlag in Frage.

Mit dem Brande Roms war letzten Endes auch das Schicksal des patrizischen Roms entschieden."

(Bleicken, a.a.O. 67)

3. Verhältnisse in Rom nach der Katastrophe

„Als die größte Not vorüber war, begannen denn auch die Plebejer, auf ihre gewaltigen Leistungen im Felde gestützt, energisch nach den staatlichen Ämtern zu greifen. Der alte Ständekampf entbrannte aufs neue mit äußerster Heftigkeit. Volkstribune und Versammlung der Plebs übernahmen wieder ihre alten Funktionen; wieder rief der Plebejer den Tribun zu Hilfe, und wieder wurden Patrizier vor die plebejischen Revolutionstribunale geschleppt.

Mit allen zu Gebote stehenden Mitteln suchten die Volkstribune den Staatsapparat lahmzulegen und sich dadurch den politischen Gegner gefügig zu machen. Sie verboten den Patriziern einfach den Vollzug sämtlicher Amtsgeschäfte (Interzession) und drohten jeden zu lynchen, der diesem Verbot zuwiderhandelte. Spurius Cassius, der sich um den neuen Bundesvertrag zwischen Römern und Latinern sehr verdient gemacht hatte, fand im Kampf für die Sache der Plebejer den Tod (370). Der Haß der Patrizier richtete sich genauso gegen Nachgiebigkeit in den eigenen Reihen; M. Manlius Capitolinus, der Retter des Kapitols im Galliersturm, soll wegen seiner plebejerfreundlichen Haltung den Tod auf dem Schafott gefunden haben. In diesem unerbittlichen Kampf wurde das Imperium des Praetor maximus zur schärfsten Waffe gegen den innenpolitischen Feind. Bislang hatte das Imperium vor allem Vollmachten des Feldherrn im Krieg umfaßt *(militiae)*; jetzt richtete sich seine ganze Härte auch gegen Rom selbst *(domi)*. Die Beile in den Fasces bedrohten nun auch den Zivilisten mit Tod und Verderben, wenn er dem patrizischen Beamten den Gehorsam verweigerte."

(Bleicken, a.a.O. 67 f.)

4. Ein letzter Versuch zur Rettung der Republik der Patrizier

„Um den Plebejern den Wind aus den Segeln zu nehmen, erlaubte man schließlich ihren Führern, an den Beratungen im Senat teilzunehmen, wo die Häupter der patrizischen Familien, die Patres, die politischen Geschäfte erörterten und dem Praetor maximus ihre Instruktionen gaben. Durch die Teilnahme der plebejischen Führer hoffte man, die brennenden Fragen der Innenpolitik statt auf der Straße hinter den Türen des Sitzungssaales zu erledigen, wo zudem die Patrizier die bessere Position hatten. Aber man gab den Plebejern kein Stimmrecht; sie wurden nicht Senatoren, sondern galten nur als dem Senat „Zugeschriebene" *(conscripti)*. Damit war nicht viel gewonnen. Das innenpolitische Klima wurde immer heißer. Zehn Jahre nach dem Gallierbrand, also noch in schwersten Notzeiten, herrschte in Rom völlige Anarchie."

(Bleicken, a.a.O. 68)

5. Die Zeit der Krise in der Sicht des Livius
(Livius VI, 1, 1—3)

1 Quae ab condita urbe Roma ad captam eandem Romani sub regibus primum, consulibus deinde ac dictatoribus decemvirisque ac tribunis consularibus gessere, foris bella,
2 domi seditiones, quinque libris exposui, res cum vetustate nimia obscuras velut quae magno ex intervallo loci vix cernuntur, tum quod rarae per eadem tempora litterae fuere, una custodia fidelis memoriae rerum gestarum, et quod, etiam si quae in commentariis pontificum aliisque publicis privatisque erant monumentis, incensa urbe pleraeque inter-
3 iere. Clariora deinceps certioraque ab secunda origine velut ab stirpibus laetius feraciusque renatae urbis gesta domi militiaeque exponentur.

ÜBERSETZUNGSHILFEN

Zu Beginn steht ein erschreckend langer Satz, den man jedoch ganz einfach der Reihe nach, so wie er dasteht, übersetzen kann.

1. **gessere** = gesserunt; **gerere** — tun, machen; **exposui:** exponere — „darstellen".

2. **nimius** — allzu . . .; **obscurus** — dunkel („obskur"), „unklar"; **cernere** — sehen, erkennen; **custodia** — Wache; bezogen auf litterae = schriftliche Überlieferung; **una custodia** — „einzige Wächterin, Bewahrerin"; **fidelis** — glaubwürdig; **plerique** — die meisten.

3. **clarus** — hell, „klar"; **clariora, certiora** bezieht sich auf gesta — Taten; **origo** — Anfang, Ursprung (vgl. oriri); **velut** — „gewissermaßen"; **ab stirpibus** — „von den Wurzeln" = ganz von vorn; **ferax** — fruchtbar (ferre!); **renatus, a, um** — wiedergeboren.

KOMMENTAR

1. **captam** — durch die Gallier; **consulibus, dictatoribus:** vermutlich Prätoren; **tribunis consularibus** — Konsular-, d. h. Militärtribune.

foris bella — domi seditiones: Charakteristik der Ruhelosigkeit der jungen Republik.

2. **vetustate** usw. — kritische Worte über das eigene Werk; **rarae litterae:** die Römer kannten zu dieser Zeit noch keine eigentliche Geschichtsschreibung.

una custodia: Für Livius ist allein die schriftliche Überlieferung „fidelis".

commentarii pontificum: Die Priester zeichneten die „wichtigsten" Ereignisse des Jahres auf und bewahrten diese „annales" im Tempel auf. Alles ist beim Galliersturm verbrannt.

3. **clariora** etc.: Die Quellenlage ist nun besser. **ab stirpibus:** Die Stadt war völlig zerstört! **„domi militiaeque"** entspricht in Satz 1: „foris bella etc.".

AUFGABEN

a) Wie beurteilt Livius die Epoche Roms vor dem Gallierbrand?
b) Beurteilen Sie bitte innen- und außenpolitisch diesen kleinen Staat!
c) Wie äußert sich Livius über seine Quellen vor und nach dem Gallierbrand?
d) Welche Meinung zeigt Livius über Roms Zeit, die er nun im sechsten Buch zu schildern beabsichtigt?

Sechstes Kapitel: M. Manlius Capitolinus, ein Freund des Volkes

1. Der Arme und der Reiche

In England und weltweit liest man bis heute gerne die Taten des Robin Hood, der den Reichen das Vermögen geraubt und unter die Armen verteilt haben soll. Eine ähnliche Gestalt, nur historisch, kennt das alte Rußland: Es ist der Kosakenführer Stenka Rasin, der als Rebell am 16. 6. 1671 in Moskau hingerichtet wurde. Bis heute verehrt ihn das Volk mit einer der bekanntesten russischen Melodien.

Rebellen dieser Art kennt das Alte Rom nicht. Dafür kennen wir wenigstens drei schwerreiche Männer, die ihr Vermögen den ärmsten der Armen zur Verfügung stellten, um sie vor Haft und Sklaverei zu retten. Sie mußten allesamt dafür mit dem Tode büßen.

Sp. Cassius Viscellinus, Patrizier ersten Ranges und wiederholt Konsul, soll nach Livius II, 41 in seinem Konsulatsjahr 486 ein erstes Ackergesetz eingebracht haben. Damit wurde die ungerechte Verteilung des eroberten Staatslandes (ager publicus) angeprangert. Mit diesem Antrag konnte er sich jedoch gegen die Front der Patrizier nicht durchsetzen. Nach seinem Amtsjahr wurde er sogar unter Anklage gestellt und soll zum Tode verurteilt worden sein. Livius findet in seinen Quellen sogar die Version, der eigene Vater habe ihn hinrichten lassen.

Sp. Maelius war zwar kein Patrizier, aber ein hochangesehener, steinreicher Plebejer. Er gehörte zu jenem aufstrebenden Teil der Plebs, der wirtschaftlich mit den Patriziern längst mithalten konnte, ohne jedoch an der Macht beteiligt zu sein. Diesen Mann soll der Reiteroberst Servilius Ahala persönlich, also ohne Urteilsspruch, ermordet haben (439 v. Chr.), und bei der Lektüre von Ciceros erster catilinarischer Rede (Kapitel 3) erfährt der staunende Leser, daß diese Tat von der römischen Tradition gar noch als beispielhaft und vorbildlich gefeiert wurde (Livius IV, 12 ff.).

Der dritte Volksfreund, — Livius nennt ihn vielleicht in Anlehnung an den Namen der späteren Bürgerkriegspartei „popularis" —, war der berühmte Erretter des Kapitols vor den Galliern, M. Manlius Capitolinus, „der auf dem Kapitol wohnende".

In kurzer Zusammenfassung finden wir die römische Tradition bei Cicero, de re publica II, 27: ,,Und so sagt man von Sp. Cassius, M. Manlius und Sp. Maelius, sie hätten den Königsthron besteigen wollen.“

AUFGABEN

a) Versuchen Sie, Gründe für die einseitige römische Tradition zu finden!
b) Gibt es in der Geschichte ähnliche Vorwände zur Hintertreibung notwendiger Sozialreformen?

2. M. Manlius Capitolinus: Sein Charakter, seine Worte
(Livius VI, 11, 1—9 Anfang)

11 Insequenti anno, A. Manlio P. Cornelio T. et L. Quinctiis
Capitolinis L. Papirio Cursore ⟨iterum C. Sergio⟩ iterum
tribunis consulari potestate, grave bellum foris, gravior domi
2 seditio exorta, bellum ab Volscis adiuncta Latinorum atque
Hernicorum defectione, seditio, unde minime timeri potuit,
a patriciae gentis viro et inclitae famae, M. Manlio Capito-
3 lino. Qui nimius animi cum alios principes sperneret, uni
invideret eximio simul honoribus atque virtutibus, M. Furio,
aegre ferebat solum eum in magistratibus, solum apud exer-

ÜBERSETZUNGSHILFEN

1. **exorta (est)**: exoriri — entstehen.
2. **defectio** — Abfall, Verrat; **seditio** — Aufruhr; **unde** — von wo; **gens** — Familie, Herkunft; **inclitus** (inclutus) — berühmt.
3. **nimius** (vgl. nimis — allzu) — das Maß überschreitend, maßlos; **nimius animi**: ,,von maßlosem Hochmut“; **spernere** — verachten; **invidere** (m. Dativ!) — beneiden; **eximius** — überragend; Konstruktionshilfe: **uni . . . eximio . . . M. Furio . . .**; **aegre ferre** — kaum ertragen.

KOMMENTAR

1. **insequenti anno**: 385 v. Chr.
2. **M. Manlius Capitolinus**: Er wohnte auf dem Kapitol und galt wegen seiner Errettung der ,,arx“ nach Camillus als zweiter Mann im Staate.
3. **M. Furio**: Camillo. Voller Name: M. Furius Camillus.

4 citus esse; tantum iam eminere ut iisdem auspiciis creatos
non pro collegis sed pro ministris habeat; cum interim, si
quis vere aestimare velit, a M. Furio reciperari patria ex
obsidione hostium non potuerit, nisi a se prius Capitolium
5 atque arx servata esset; et ille inter aurum accipiendum et
in spem pacis solutis animis Gallos adgressus sit, ipse arma-
tos capientesque arcem depulerit; illius gloriae pars virilis
apud omnes milites sit qui simul vicerint: suae victoriae
6 neminem omnium mortalium socium esse. His opinionibus
inflato animo, ad hoc vitio quoque ingenii vehemens et im-
potens, postquam inter patres non quantum aequum cense-
7 bat excellere suas opes animadvertit primus omnium ex
patribus popularis factus cum plebeis magistratibus consilia
communicare; criminando patres, alliciendo ad se plebem
iam aura non consilio ferri famaeque magnae malle quam
8 bonae esse. Et non contentus agrariis legibus, quae materia
semper tribunis plebi seditionum fuisset, fidem moliri coepit:
acriores quippe aeris alieni stimulos esse, qui non egestatem
modo atque ignominiam minentur sed nervo ac vinculis
9 corpus liberum territent. Et erat aeris alieni magna vis re
damnosissima etiam divitibus, aedificando, contracta.

ÜBERSETZUNGSHILFEN

4. **eminere** — herausragen; **iisdem auspiciis** — ,,in der selben Wahl''; **creare** — wählen; **minister** — Diener, Gehilfe; **cum interim:** ,,doch inzwischen . . .''; **aestumare** — einschätzen; **reciperare** (recuperare) — wiedergewinnen; **arx** — Burg.
5. *Konstruktionshilfe:* **ille** (= Camillus) **. . . Gallos adgressus** (aggressus) **sit; solutus** — aufgelöst = lässig, nachlässig; **solutis animis:** auf Gallos bezogen; **capientes:** Das Partizip drückt hier den Vorgang aus: ,,die schon einnahmen . . .''; **virilis** (vgl. vir) — männlich; mannhaft; **simul** — zugleich; **mortalis** (dichterisch) — der Mensch.
6. **inflatus** — aufgeblasen, überheblich; **ad hoc** — dazu; **vitium ingenii** — Charakterschwäche; **vehemens** — heftig, aufbrausend; **impotens** — unbeherrscht.
Konstruktion: **postquam animadvertit: excellere suas opes inter patres non, quantum aequum censebat . . .; opes** — Macht; **aequus** — berechtigt; **censere** — halten für.
7. **popularis** (vgl. populus!) — Volksfreund, Populare; **communicare:** Infin. hist.; **criminari** — beschuldigen, verleumden;

allicere — anlocken, an sich ziehen; **criminando**: Gerundium; **aura** (**plebis**) — Volksgunst; **consilium** — ,,staatsmännische Klugheit"; **fama** — Ruf; **famae magnae malle . . . esse** ≈ er wollte lieber einen großen Ruf, als . . . (bonae).
8. **materia** — (eig. ,,Grundstoff") — Ursache, Anlaß; **fides** — Kredit, ,,Schuldrecht"; **moliri** (Depon.) — in Bewegung bringen; **stimulus** — Stachel (zum Antreiben der Zugtiere), ,,Qual"; **egestas** (vgl. egere!) — Armut; **ignominia** — Schande; **nervus** — Gefängnis; **nervo ac vinculis**: Hendiadyoin; **territare**: Intensivum zu terrere: in ständigen Schrecken versetzen, ,,terrorisieren".

KOMMENTAR

4. **auspiciis** etc.: vgl. Komm. zu IV, 2, 5! **pro ministris**: Dies würde genau mit der modernen Auffassung übereinstimmen, daß ein Prätor (,,praetor maximus") die Kommandogewalt über die übrigen Prätoren besaß, die Livius als Militärtribune bezeichnet. **arx**: Auf dem mons Capitolinus unterscheidet man in Roms Frühzeit zwischen ,,Capitolium", einer besiedelten Fläche, und der ,,arx", der eigentlichen Festung der Stadt. Beide Begriffe fallen später zusammen.
5. **aurum**: Die Römer mußten sich den Abzug der Gallier mit Gold erkaufen. Der Gallierhäuptling Brennus soll dabei sein Schwert zu den Gewichten, mit denen das Gold gewogen wurde, geworfen haben mit den Worten: ,,vae victis!".
7. **plebeis magistratibus**: Volkstribune, Ädile.
8. **agrariis legibus**: in VI, 5, 1—5 und 6, 1 berichtet Livius über zunächst erfolglose Bemühungen der Tribunen, den eroberten ,,ager Pomptinus" gerecht zu verteilen.
9. Hier beendet Livius seine Charakteristik und kehrt zu einer nüchternen Feststellung zurück. **aedificando**: Nach Livius die Ursache der Kreditnot.

AUFGABEN

a) Sammeln Sie sämtliche charakterisierenden Begriffe und zeichnen Sie daraus nach Livius den Charakter des Manlius!
b) Wie beurteilt die römische Tradition (Livius) den Manlius Capitolinus?
c) Warum steht die Charakteristik des Manlius vor dem Bericht über seine plebejerfreundlichen Taten?
d) Worin sieht Livius die Ursache der Kreditnot? Nehmen Sie dazu Stellung!

3. **Seine Taten** (Livius VI, 14, 1—10)

14 Dictator exercitum in stativis tenebat, minime dubius
bellum cum iis populis patres iussuros, cum maior domi
exorta moles coegit acciri Romam eum gliscente in dies
seditione, quam solito magis metuendam auctor faciebat.
2 Non enim iam orationes modo M. Manli sed facta, popularia
in speciem, tumultuosa eadem, qua mente fierent intuenda
3 erant. Centurionem, nobilem militaribus factis, iudicatum
pecuniae cum duci vidisset, medio foro cum caterva sua ac-
currit et manum iniecit; vociferatusque de superbia patrum
ac crudelitate feneratorum et miseriis plebis, virtutibus eius
4 viri fortunaque, ‚tum vero ego' inquit ‚nequiquam hac dextra
Capitolium arcemque servaverim, si civem commilitonem-
que meum tamquam Gallis victoribus captum in servitutem
5 ac vincula duci videam.' Inde rem creditori palam populo
solvit libraque et aere liberatum emittit, deos atque homines
obtestantem ut M. Manlio, liberatori suo, parenti plebis
6 Romanae, gratiam referant. Acceptus extemplo in tumul-
tuosam turbam et ipse tumultum augebat, cicatrices acceptas
7 Veienti Gallico aliisque deinceps bellis ostentans: se mili-
tantem, se restituentem eversos penates, multiplici iam sorte
exsoluta, mergentibus semper sortem usuris, obrutum fenore
esse; videre lucem, forum, civium ora M. Manli opera;
omnia parentum beneficia ab illo se habere; illi devovere
8 corporis vitaeque ac sanguinis quod supersit; quodcumque
sibi cum patria penatibus publicis ac privatis iuris fuerit, id
9 cum uno homine esse. His vocibus instincta plebes cum
iam unius hominis esset, addita alia commodioris ad omnia
10 turbanda consilii res. Fundum in Veienti, caput patrimonii,

ÜBERSETZUNGSHILFEN

1. **stativis:** castra stativa = Standquartier; **minime dubius** — „ohne zu zweifeln"; **cum** (inversum): da; **moles** — Masse, „Not"; **accire** — einladen, herholen; **aci:** acciri . . . eum; **gliscere**

unbemerkt zunehmen, überhand nehmen; **solito:** Abl. des Vergleichs; **auctor** = Manlius.
2. **non . . . iam** — nicht mehr; **modo** — nur; **popularis** — „volksliebend"; **in speciem** — zum Schein; **tumultuosus** — in Unruhe versetzend; **mens** — „Leidenschaft"; *Konstruktion:* (Abl.) **facta eadem tumultuosa mente** (Taten von . . .), **qua fierent; intuenda** (Gerundivum): intueri — ansehen.
3. **ducere** — (ins Gefängnis) abführen; **caterva** — Schar (der Klienten); **vociferare** — schreien; **fenerator** — Geldverleiher.
4. **nequiquam** — vergebens; **tamquam** — wie, als ob; **vincula** — Gefängnis.
5. **palam** (Dativ) — vor; **solvere** — bezahlen; **libra et aere** — „durch rechtmäßigen Kauf"; **emittere** — freilassen; **obtestari** — beschwören, inständig bitten; **gratiam referre** — danken.
6. **extemplo** — sofort.
7. **eversos penates:** dichterisch für: sein zerstörtes Haus; **restituere** — wiederherstellen; **sors** — Schicksal, Los; übertragen: Anteil, Teil der Schulden; **exsolvere:** (eine Schuld) lösen = abzahlen; **multiplici sorte exsoluta:** Abl. abs.; **mergere, -o** — nach unten drücken; **usurae** — Zinsen; **mergentibus usuris:** Abl. abs.; **ora:** os — Gesicht; **opera** — Arbeit, Tätigkeit.
8. **devovere** — weihen, als Opfer darbringen; *Konstruktion:* **quodcumque sibi . . . iuris fuerit; penates** — „Götter" (s. Kommentar!).
9. **instinctus** — angefeuert, begeistert; **esse** m. Genetiv = gehören; **unius viri** = Manlii Capitolini; **commodus** — gelegen, günstig; *Konstruktion:* **Cum plebs . . . esset, addita** (addere — hinzufügen) **alia . . . res; ad omnia turbanda** (Gerundiv): um . . . zu; **turbare** — verwirren, in Aufruhr versetzen;
10. **fundus** — Landgut; **in Veienti:** in V. agro; **caput patrimonii** = „Haupterbgut";

KOMMENTAR

3. **centurionem:** Wie vor der Auswanderung auf den Heiligen Berg ist es wieder ein Einzelschicksal, das zum Anlaß wird.
5. Manlius hält sich an die Bestimmungen der Zwölftafeln!
6. **cicatrices:** Die Ähnlichkeit zu dem Schuldknecht in II, 23 ist unübersehbar.
Veienti, Gallico: die beiden großen Kriege der unmittelbaren Vergangenheit.
8. **penates:** Schutzgötter der Familie, dann der gesamten „gens" mit all ihren Verzweigungen und schließlich sogar des Staates als der größten Familie.

subiecit praeconi, ‚ne quem vestrum' inquit, ‚Quirites, donec quicquam in re mea supererit, iudicatum addictumve duci patiar.' Id vero ita accendit animos, ut per omne fas ac nefas secuturi vindicem libertatis viderentur.

ÜBERSETZUNGSHILFEN

praeco — öffentlicher Ausrufer; **praeconi subicere:** durch Ausrufer bei einer Auktion ausrufen lassen; **iudicatus addictusque:** verurteilt und als Schuldknecht zugesprochen; **secuturi** (Part. Futur): sequi — folgen; **vindex libertatis** — Befreier.

KOMMENTAR

10. Manlius versteigert sein Landgut, um den Ärmsten im Staate zu helfen.

AUFGABEN

a) Schildern und bewerten Sie die „Taten" des Manlius!
b) Manlius kauft Schuldknechte frei, und Livius nennt dies: „ad omnia turbanda res." (Satz 9). Wie kommt Livius zu diesem vernichtenden Urteil?
c) Schlagen Sie bei den Zwölftafeln die Bestimmungen über die Schuldknechtschaft nach und untersuchen Sie das Verhalten des Manlius!

4. Seine Forderungen vor dem Diktator
(praetor maximus) (Livius VI, 15, 9—11)

9 ‚Offendit' inquit, ‚te, A. Corneli, vosque, patres conscripti, circumfusa turba lateri meo? Quin eam diducitis a me singuli vestris beneficiis, intercedendo, eximendo de nervo cives vestros, prohibendo iudicatos addictosque duci, ex eo quod affluit opibus vestris sustinendo necessitates aliorum?
10 Sed quid ego vos de vestro impendatis hortor? sortem reliquam ferte: de capite deducite quod usuris pernumeratum est; iam nihilo mea turba quam ullius conspectior erit. At enim quid ita solus ego civium curam ago? Nihilo magis
11 quod respondeam habeo quam si quaeras quid ita solus Capitolium arcemque servaverim. Et tum universis quam potui opem tuli et nunc singulis feram.

9. **circumfundere** — umdrängen; **latus, -eris** — Seite; **quin** — warum nicht?; **eam** = turbam; **diducere** (dis-ducere) — trennen; **singuli** (prädikativ) — allein; **eximere** — herausholen; **intercedendo, eximendo** usw.: Gerundium!; **ex eo, quod:** deshalb, weil ...; **opes** — Vermögen; Macht; **sustinere** — erhalten; **necessitas** — (Notwendigkeit) = „notwendige Ausgaben".
10. **impendere** — aufwenden; *Konstruktion:* **sed quid . . . vos moneo, (ut) de vestro** (= von eurem Vermögen) **impendatis; sors** — „Kapital"; **reliquus** — rückständig; **sortem reliquam ferre:** das rückständige Kapital ertragen, nicht eintreiben; **caput** — Kapital; **deducere** — abziehen; **usurae** — Zinsen; **pernumerare** — abzahlen; **conspectus** — beachtlich, ansehnlich.
11. **quid** — warum?; *Konstruktion:* **nihilo magis habeo, quod respondeam, quam si quaeras, quid** (= cur?) **Capitolium . . . servaverim; opem ferre** — helfen; **quam** — wie (sehr).

KOMMENTAR

10. Manlius schägt vor, die Plebs von ihrer drückenden Schuldenlast zu befreien, indem man die gegebenen Kredite als zinslos betrachte. Für eine völlige Streichung tritt er nicht einmal ein. Seine Forderung wird später von den Volkstribunen Licinius und Sextius wiederaufgenommen.
mea turba: Jeder vornehme Römer, ursprünglich nur Patrizier, im Laufe der Zeit jedoch eine zunehmende Zahl begüterter Plebejer, wurde in der Öffentlichkeit von einer Klientenschar begleitet.

AUFGABEN

a) Untersuchen Sie kritisch die Argumente des Manlius, und überlegen Sic, warum Livius ihm diese Worte in den Mund legt!
b) Steht dem Bankier, der das Risiko trägt, denn kein Gewinn (Zinsen) zu?
c) Ist die Forderung des Manlius, in Notzeiten müßten die Reichen zugunsten der Armen Opfer bringen, berechtigt?

5. Manlius im Gefängnis: Folgen der Inhaftierung

(Livius VI, 16, 2—7)

Arreptus a viatore ‚Iuppiter' inquit, ‚optime maxime Iunoque
regina ac Minerva ceterique di deaeque, qui Capitolium ar-
cemque incolitis, sicine vestrum militem ac praesidem sinitis
vexari ab inimicis? haec dextra, qua Gallos fudi a delubris
3 vestris, iam in vinclis et catenis erit?' Nullius nec oculi nec
aures indignitatem ferebant; sed invicta sibi quaedam
patientissima iusti imperii civitas fecerat, nec adversus dicta-
toriam vim aut tribuni plebis aut ipsa plebs attollere oculos
4 aut hiscere audebant. Coniecto in carcerem Manlio satis
constat magnam partem plebis vestem mutasse, multos mor-
tales capillum ac barbam promisisse, obversatamque vesti-
bulo carceris maestam turbam.
5 Dictator de Volscis triumphavit, invidiaeque magis trium-
phus quam gloriae fuit; quippe domi non militiae partum
eum actumque de cive non de hoste fremebant: unum de-
fuisse tantum superbiae, quod non M. Manlius ante currum
6 sit ductus. Iamque haud procul seditione res erat;
cuius leniendae causa postulante nullo largitor voluntarius
repente senatus factus Satricum coloniam duo milia civium
Romanorum deduci iussit. Bina iugera et semisses agri
adsignati; quod cum et parvum et paucis datum et mercedem
7 esse prodendi M. Manli interpretarentur, remedio inritatur
seditio.

ÜBERSETZUNGSHILFEN

2. **arreptus:** arripere — verhaften; **viator** — Wanderer = Staatsbote; **incolere** — bewohnen; **sicine** (sic - ne ?) — also ?; **praeses** — Schützer; **delubrum** — Tempel; **vinclis et catenis** (Hendiadyoin);
3. **patiens** (m. Gen.) — zu ertragen; **invicta quaedam patientissima** (Neutr. Pl. !): „gewisse unerschütterliche und in jeder Lage zu ertragende Formen"; **attollere** — aufheben; **hiscere** (hiascere) — klaffen = den Mund auftun, nur mucksen.
4. **satis** — ausreichend, sicher; **constat** m. a.c.i. !; **vestem mutare** — Kleid wechseln; (**capillum, barbam**) **promittere** — „wachsen lassen"; **obversari** (Depon.) — sich vor etwas aufhalten.
5. **dictator** = praetor ?; **invidia** — Haß; **quippe** — denn; **fremere** (m. a.c.i.) — untereinander äußern (die Plebejer!); **partum:**

parere — erwerben, erringen (zu ergänzen: triumphum!); **actum** (wie partum konstruiert): von agere; **ante currum:** ante currum triumphalem.

6. **lenire** — (besänftigen) „aufhalten"; **postulante nullo** (abl. abs.) — ohne daß . . ., obwohl niemand . . .; **largitor** — Schmeichler; **repente** — plötzlich; **factus:** von fieri; *Hilfskonstruktion:* factus (est et . . .); **colonia** — römische Siedlung; **deducere** — hinführen = ansiedeln; *Konstruktion:* **senatus . . . iussit** (a.c.i.!); **bina iugera et semisses** = $2^1/_2$ Joch.

7. **quod** (rel. Anschluß); **parvum** — zu wenig; **interpretari** (a.c.i.!) — auslegen; **mercedem prodendi** — Lohn für den Verrat; **remedium** — Heilmittel; **irritare** — reizen, „beschleunigen".

KOMMENTAR

4. **vestem mutasse:** Die Plebejer haben Trauerkleider angelegt und als Zeichen der Trauer Haar und Bart nicht mehr gepflegt, als ob Manlius bereits verstorben bzw. hingerichtet wäre. Dies ist sicherlich auch als Vorbedeutung auf den späteren gewaltsamen Tod des Manlius zu verstehen.

5. **Volsci:** südliches Nachbarvolk, mit Rom verfeindet.

ante currum: Die prominenten Kriegsgefangenen, z. B. Könige, wurden vor dem Triumphwagen geführt bis auf das Kapitol. Dort wurden sie hingerichtet (z. B. der Gallier Vercingetorix).

6. **coloniam:** Eine colonia ist eine Siedlung römischer Bürger in noch nicht römischen Gebieten. Durch die befestigten Kolonien gewinnt man eine dauerhafte Kontrolle über das unterworfene Land. (Vgl. Kibbuz im heutigen Israel!). Die Anlage von Kolonien dient natürlich auch dazu, den Bevölkerungsdruck in der Hauptstadt zu verringern.

iugera: iugum bedeutet das Joch eines Ochsengespannes; als Landmaß soviel, wie man mit einem Gespann an einem Tag umpflügen kann: ein Morgen.

AUFGABEN

3. Warum lassen die Plebejer ihren Führer im Stich?
4. Wie beurteilen Sie die Reaktion der bestürzten Plebejer (Trauerkleider etc.)?
5. **invidiae . . . triumphus . . . fuit:** Wie urteilt Livius?
6. **ante currum:** Worin sehen die Plebejer (Livius?) die eigentliche Aufgabe des Diktators (Prätors)?
7. Warum bewirkt die senatorische Siedlungspolitik, — obwohl vielfach von den Volkstribunen gefordert —, genau das Gegenteil?

6. Selbstvorwürfe der Plebs — Freilassung des Manlius

(Livius VI, 17, 1—2; 4—6)

17 Audiebantur itaque propalam voces exprobrantium multi-
tudini, quod defensores suos semper in praecipitem locum
favore tollat, deinde in ipso discrimine periculi destituat:
2 sic Sp. Cassium in agros plebem vocantem, sic Sp. Maelium
ab ore civium famem suis impensis propulsantem oppressos,
sic M. Manlium mersam et obrutam fenore partem civitatis
in libertatem ac lucem extrahentem proditum inimicis;
saginare plebem populares suos ut iugulentur.
4 . . . non obversatam esse memoriam noctis illius quae paene
ultima atque aeterna nomini Romano fuerit? non speciem
agminis Gallorum per Tarpeiam rupem scandentis? non
ipsius M. Manli, qualem eum armatum, plenum sudoris ac
sanguinis ipso paene Iove erepto ex hostium manibus vidis-
5 sent? selibrisne farris gratiam servatori patriae relatam?
et quem prope caelestem, cognomine certe Capitolino Iovi
parem fecerint eum pati vinctum in carcere, in tenebris
obnoxiam carnificis arbitrio ducere animam? adeo in uno
6 omnibus satis auxilii fuisse, nullam opem in tam multis uni
esse? Iam ne nocte quidem turba ex eo loco dilabebatur
refracturosque carcerem minabantur, cum remisso quod
erepturi erant ex senatus consulto Manlius vinculis liberatur;
quo facto non seditio finita sed dux seditioni datus est.

ÜBERSETZUNGSHILFEN

1. **propalam** — öffentlich; vor aller Welt; **exprobrare** — „vorwurfsvoll in Erinnerung bringen"; **discrimen** — Entscheidung(spunkt), gefährliche Lage; **destituere** — im Stich lassen.

2. **suis impensis** — auf eigene Kosten; **opprimere** — unterdrücken, vernichten; *Konstruktion* (a.c.i.): **sic Sp. Cassium . . . vocantem, sic Sp. Maelium . . . propulsantem oppressos, sic M. Manlium . . . extrahentem proditum** (esse); **mersus et obrutus:** (Hendiadyoin) = untergetaucht und verschüttet; **in libertatem ac lucem** = in libertatis lucem; **prodere** — verraten; **saginare** — mästen, füttern; **ut:** = „nur dazu, daß"; **iugulare** — die Kehle durchschneiden, schlachten, ermorden.

4. **obversari** (Depon.) vor etwas sich aufhalten — „vor Augen schweben"; **aeternus** — für immer; **species** — Anblick; **scandere** — emporsteigen; **ipsius:** speciem; **sudor** — Schweiß; **sanguis** —

Blut; **ex** — ,,herausragend aus''; *Konstruktion:* **qualem . . . vidissent, ipso Iove erepto** (abl. abs.).
5. **selibra** (semilibra) — halbes Pfund; **far, farris** — ,,Brot''; **parem facere** — jemanden gleich machen, angleichen; **pati** (Depon. m. a.c.i.) — zulassen; **arbitrium** — Ermessen, Entscheidung, Wille; **carnifex** — Henker, Schinder; **obnoxius** — straffällig, schuldig; **ops** — Macht, Stärke.
6. **dilabi** (Depon.) — auseinanderlaufen; **minari** (Depon.) — drohen; **refrangere** — aufbrechen; **eripere** — ,,befreien''; **cum** (inversum): da; **remisso . . . consulto:** Ab. absol.; **remittere** — (wieder zurückschicken) ,,erlauben, gestatten''.

KOMMENTAR

1. **defensores suos:** Cassius und Maelius waren beim Volk ungemein beliebt, doch wurden sie sehr schnell von der Plebs im Stich gelassen.
2. **ab ore civium famem:** Maelius unterstützte die Plebs mit kostenloser Getreidezuteilung aus eigenen Mitteln.
4. **paene ultima:** Ohne die gelungene Verteidigung der Burg! Die große Bedeutung des Manlius wird hervorgehoben.
5. **selibrisne farris:** Im Zusammenhang mit libra (Pfund) hat far (das älteste Getreide der Römer, ,,Spelt'') die Bedeutung von ,,Brot''.
cognomine Capitolino: Eine Fehlinterpretation des Livius! Ein ganzer Zweig der Familie der Manlier besaß den Beinamen ,,Capitolinus'' (z. B. der Bruder des M. Manlius!). Der Name bezeichnet nur den Standort des Hauses und hat mit der Errettung des Kapitols bzw. der ,,arx'' vor den Galliern nichts zu tun.
6. **erepturi:** Es ist kaum zu glauben, daß die hier zur Gewalt bereiten Plebejer später tatenlos seiner Hinrichtung zugesehen haben sollen.

AUFGABEN

Worin bestand der Dank an Manlius für die Errettung des Kapitols?

ALLGEMEINE AUFGABEN

a) Untersuchen Sie kritisch die Selbstvorwürfe der Plebs!
b) Warum ,,erlaubt'' der Senat die Freilassung des Manlius?
c) Welche Folgen hat die Freilassung aus dem Gefängnis?

7. Manlius ruft zur Revolution auf

(Livius VI, 18, 5[Mitte]—15)

,Quousque tandem ignorabitis vires vestras, quas natura
ne beluas quidem ignorare voluit? Numerate saltem quot
ipsi sitis, quot adversarios habeatis. Quot enim clientes
circa singulos fuistis patronos, tot nunc adversus unum
6 hostem eritis. Si singuli singulos adgressuri essetis, tamen
acrius crederem vos pro libertate quam illos pro dominatione
7 certaturos. Ostendite modo bellum; pacem habebitis. Videant
vos paratos ad vim; ius ipsi remittent. Audendum est aliquid
8 universis aut omnia singulis patienda. Quousque me circum-
spectabitis? Ego quidem nulli vestrum deero; ne fortuna mea
desit videte. Ipse vindex vester, ubi visum inimicis est, nullus
repente fui, et vidistis in vincula duci universi eum qui a
9 singulis vobis vincula depuleram. Quid sperem, si plus in
me audeant inimici? An exitum Cassi Maelique exspectem?
Bene facitis quod abominamini. Di prohibebunt haec; sed
nunquam propter me de caelo descendent; vobis dent men-
tem oportet ut prohibeatis, sicut mihi dederunt armato
togatoque ut vos a barbaris hostibus, a superbis defenderem
10 civibus. Tam parvus animus tanti populi est ut semper vobis
auxilium adversus inimicos satis sit nec ullum, nisi quatenus
imperari vobis sinatis, certamen adversus patres noritis?
11 Nec hoc natura insitum vobis est, sed usu possidemini. Cur
enim adversus externos tantum animorum geritis ut imperare
illis aequum censeatis? Quia consuestis cum eis pro imperio
certare, adversus hos temptare magis quam tueri libertatem.

ÜBERSETZUNGSHILFEN

5. **quousque tandem** — wie lange denn noch; **ignorare** — „verkennen“; **vires** — Kräfte, Macht; **quas** (= **vires**) . . . **ignorare voluit**: a.c.i. im Relativsatz; **saltem** — wenigstens; **sitis, habeatis**: Konjunktiv wegen indir. Fragesatz; deutsch: Indikativ; **tot** — so viele.
6. **singuli** — „als einzelne“; **singulos**: patronos; **adgressuri**: Part. Futur von adgredi (= aggredi) — angreifen;
Konstruktion: **crederem** (m. a.c.i.!) **acrius . . . vos . . . quam illos certaturos (esse)**; **crederem** — ich könnte mir vorstellen.
7. **ostendere** — zeigen, „in Aussicht stellen“; **vis** — „Gewaltanwendung“; **remittere** — „zurückgeben“; **ius** — Vorrecht,

Privileg; **audendum, . . . patienda:** Gerundivkonstruktionen mit Dativ: **universis, singulis:** alle müssen, einzelne müssen . . .
8. **quousque** — s. o. Satz 5!; **ego quidem** — ich jedenfalls, **nulli** (Dativ!) **deesse** (Stilfigur der Litotes): keinem fehlen = jedem helfen; **videre** — „darauf achten"; **ubi visum est:** sobald es gefallen hat; **vindex** — Befreier; **repente** — plötzlich, unvermutet; *Konstruktion:* **vidistis . . . universi . . .; in vincula** — ins Gefängnis; **eum** = me; **depuleram:** depellere — abwehren.
9. **quid sperem:** worauf soll ich noch hoffen?; **exspectare** — auf etw. warten; **abominari** (Depon.) — als schlechtes Vorzeichen (omen!) wegwünschen; **prohibere** — verhindern; **descendere** — herabsteigen; **oportet** m. Konjunktiv statt a.c.i.; **dederunt:** dare: „verleihen, eingeben"; *Konstruktion:*
(dei) **mihi dederunt:**
  (**mihi**) **armato, ut vos a barbaris hostibus** (**defenderem**),
  (**mihi**) **togato, ut vos a superbis civibus defenderem.**
10. **Kontrast:** tam parvus — tanti populi: **Alliteration;** *Konstruktion:* **nec ullum** (= **nullum**) **. . . certamen . . . noritis** (= noveritis) (ihr kennt) **nisi . . . sinatis; nisi** — (nach Negation) außer; **quatenus** — wie weit, wie lange; **sinere** (m. a.c.i.) zulassen; **natura:** Ablativ!; **insitus** (v. inserere) — eingepfropft; **usus** — Gewohnheit; **possidere** — in Besitz halten; besetzen; „unterdrücken".
11. **externos:** externos inimicos; **tantum animorum gerere** — soviel Mut haben; *Konstruktion:* **tantum . . ., ut . . . censeatis** (censere m. a.c.i. — meinen): **aequum** (esse) **illis imperare; aequus** — berechtigt, richtig; **consuestis** = consuevistis: consuescere — sich gewöhnen an; **temptare** — versuchen, „wagen".

KOMMENTAR

5. **quousque tandem:** Seit Cicero seine erste catilinarische Rede mit diesen Worten eröffnete, ist diese Wendung wohl klassisch geworden. Auch Sallust läßt seinen Catilina so sprechen. (Cat. 20,9). Der Redner drückt damit seine ungeduldige Mißbilligung der herrschenden Zustände aus.
clientes — patronos: z. B. bei der morgendlichen „salutatio" wurde der patrizische „patronus" von einer zahlreichen Schar seiner „clientes" umringt.
8 **nulli deero:** Manlius wird jeden Schuldknecht freikaufen, solange er dies kann. Dadurch wird aber die Wurzel des Übels, das ungerechte Schuldrecht, nicht beseitigt.
vidistis: Sie haben bei seiner Verhaftung tatenlos zugesehen.
9. **nunquam de caelo descendunt:** Auch Sallust ließ seinen Catilina sagen, ohne eigenes Zutun warte man vergeblich auf die Hilfe der Götter: „irati infestique sunt." (Cat. 52, 29)
armato — togato: in Kriegszeiten als „armatus" gegen die Gallier, im Frieden als „togatus" gegen die Senatoren.

12 Tamen, qualescumque duces habuistis, qualescumque ipsi
fuistis, omnia adhuc quantacumque petistis obtinuistis, seu
vi seu fortuna vestra. Tempus est etiam maiora conari.
13 Experimini modo et vestram felicitatem et me, ut spero, feli-
citer expertum; minore negotio qui imperet patribus impone-
tis quam qui resisterent imperantibus imposuistis. Solo
14 aequandae sunt dictaturae consulatusque, ut caput attollere
Romana plebes possit. Proinde adeste; prohibete ius de
pecuniis dici. Ego me patronum profiteor plebis, quod mihi
15 cura mea et fides nomen induit: vos si quo insigni magis
imperii honorisve nomine vestrum appellabitis ducem, eo
utemini potentiore ad obtinenda ea quae voltis.'

ÜBERSETZUNGSHILFEN

12. **qualis** — wie (beschaffen), was für . . . ; **quantus** — wie groß; **obtinere** — erhalten; **conari** (Depon.) — versuchen.

13. **experiri** — versuchen, erproben; **expertus** — erprobt, bewährt; **imponere** — ,,aufzwingen";
Konstruktion:
minore negotio (,,Mühe") patribus imponetis (Futur!) (unum), qui (patribus) imperet (. . . soll),
quam (eo negotio, quo) imperantibus (patribus) imposuistis (eos), qui (patribus) resisterent. (. . . sollten.)

14. **solo aequare** — dem Erdboden gleichmachen = völlig vernichten; **caput attollere** — den Kopf erheben, ,,frei werden"; **proinde** — daher; **de pecuniis:** d. p. creditis (Schulden); **profiteri** (Depon.) — sich öffentlich bekennen; *Konstruktion:* **quod** (diesen) **nomen** (Ruf) **cura et fides mea mihi induit; induere** — anziehen, ,,zulegen, geben".

15. *Konstruktion:* **si vos (me) appellabitis aliquo insigni . . . nomine . . . ducem vestrum; insignis** — ausgezeichnet, hervorragend; **nomen** — ,,Titel"; **insigni nomine** ist der Gegensatz zum bescheidenen patronum . . . plebis; **imperii honoris:** Gen. qual.: von . . . ; **uti** (m. Abl.) — gebrauchen; **ad obtinenda ea** (Gerundivkonstruktion): um . . . zu; **voltis** = vultis.

KOMMENTAR

10.—12. Manlius weist auf die Unzulänglichkeit des rein passiven Widerstandes hin, wie er bisher üblich war.

12. **maiora conari:** Revolution?

15. **insigni nomine:** Warum Livius seine Rede des Manlius mit dem Wunsch nach Führung und angemessenem Titel enden läßt, zeigt sich im folgenden Satz: Manlius soll seinen Anspruch auf den Königstitel angemeldet haben. So dient dieser letzte Satz seiner (von Livius ihm in den Mund gelegten) Rede dazu, den tragischen Wendepunkt im Schicksal des Manlius bereits hier anzudeuten und glaubhaft zu machen. Livius gesteht freimütig ein, daß es sich nur um unklare Gerüchte gehandelt habe. Darüber handelt unser nächster Abschnitt.

AUFGABEN

a) Fassen Sie die Rede kurz zusammen!
b) Mit welchen Argumenten sucht (nach Livius) Manlius die Plebejer zum Handeln zu bewegen? (Üben Sie Kritik!)
c) Was soll nach Manlius — Livius die Menge tun, um die soziale Gerechtigkeit durchzusetzen?
Welche Mittel werden vorgeschlagen?
d. Beurteilen Sie, ob der in c) gewiesene Weg richtig ist!
e) Gegen Schluß der Rede läßt Livius wieder die Eitelkeit, den Machthunger des Manlius, seinen Wunsch, unbestritten erster Mann im Staate zu sein, hervortreten.
Welche Absicht des Livius steckt dahinter?

8. Ein übles Gerücht und seine Folgen

Wer im alten Rom nach dieser Rede des Manlius den Ausbruch der Revolution erwartet hat, sieht sich getäuscht. Nichts geschieht. Die Gründe dafür sind uns nicht ausreichend bekannt. Wenn wir uns auf Livius verlassen wollen, dann war es nur ein übles Gerücht, über das Manlius stolpern mußte. Denn unmittelbar im Anschluß an die Rede, in der Manlius zur Revolution aufruft, schreibt Livius:

„Inde de regno agendi ortum initium dicitur; sed nec cum quibus nec quem ad finem consilia pervenerint, satis planum traditur."
(Liv. VI, 18, 16.)

Wer dieses Gerücht ausgestreut haben soll, sagt er uns also nicht. Die Antwort ist ohnehin klar: cui bono?
Sofort schreit der Senat nach einem neuen Servilius Ahala, der Manlius beseitigen könnte. Es wird ein „senatus consultum ultimum" verabschiedet. Die Plebs erstarrt in Ehrfurcht und Entsetzen. Die Volkstribunen, die Manlius noch retten könnten, fallen von ihm ab. Nach Livius sollen sie sich mit der billigen Formel gedrückt haben: Der ärgste Feind der Plebs sei, wer nach der Königsherrschaft strebe.
Manlius wird nun vor den Centuriatkomitien auf Leben und Tod angeklagt und des Hochverrats für schuldig befunden. Diese Schilderung können wir Livius vielleicht sogar glauben, wenn wir bedenken, daß die Masse der ärmeren und ärmsten Plebejer in den Centuriatkomitien kaum oder gar nicht vertreten war. Die führenden und reichen Plebejer hingegen, die in dieser Versammlung die Mehrheit besaßen, hatten ganz andere Pläne: Sie wünschten freie Bahn für den Tüchtigen in ihrem Sinne und keine Revolution, der sie letztlich logischerweise selbst zum Opfer fallen mußten. Sie forderten einen neuen Adel, dem sie selbst angehören würden, keine Gleichheit der Bürger.
Manlius wird vom Tarpeischen Felsen des Kapitols in die Tiefe gestürzt. Es ist dieselbe Stelle, an der er in letzter Minute die Gallier abgewehrt und damit Rom vor dem Untergang gerettet hatte:

„Tribuni (Manlium) de saxo Tarpeio deiecerunt locusque idem in uno homine et eximiae gloriae monumentum et poenae ultimae fuit." (Liv. VI, 20, 12.)

ÜBERSETZUNGSHILFEN

VI, 18, 16 **dicitur** (m. n.c.i.) — man sagt, daß; **initium agendi** (Gerundium) **ortum esse; pervenire** — hinkommen, „hinzielen"; **satis planum** — ausreichend genug.

VI, 20, 12

poena ultima: letzte Strafe = Todesstrafe.

tribuni: tribuni militum, nicht die „tribuni plebis".

AUFGABEN

a) Beurteilen Sie das Verhalten von Senat und Volk!
b) Wie steht die römische Tradition zu Manlius Capitolinus?
c) Beurteilen Sie bitte die Aussage des Livius in VI, 18, 16!

9. Der Tod des Manlius in der Sicht des Plutarch

Plutarchs Biographien, entstanden zu Beginn des zweiten Jahrhunderts n. Chr., gehören zu den meistgelesenen antiken Geschichtswerken. Plutarch überschreitet weitgehend die Grenzen zum historischen Roman, und Erfundenes und Wahres läßt sich kaum noch trennen. Er ist ein „Klassiker" der Biographie, nicht der Geschichtsschreibung. So sind seine Darstellungen unter rein historischem Aspekt mit größter Zurückhaltung zu genießen. Von den Ereignissen der altrömischen Geschichte ist er zeitlich noch viel weiter entfernt als Livius. Wenn wir ihn hier dennoch zum Vergleich zitieren, so deshalb, weil er die Gründe für die versuchte Revolution und den Tod des Manlius Capitolinus anders akzentuiert als Livius. Möglicherweise hat Plutarch diese Version in den (damals noch erhaltenen) Quellen gefunden.

36. Der Triumph nach diesen Siegen brachte ihm (Camillus) nicht weniger Dank und Ruhm als die beiden ersten. Denn auch seine größten Neider unter den Bürgern, die alle seine Erfolge mehr seinem Glück als seiner Tüchtigkeit zuschreiben wollten, sahen sich jetzt durch die Tatsache gezwungen, der überlegenen Klugheit und Tatkraft des Mannes den Ruhm zu geben. Unter seinen Gegnern und Neidern war der bedeutendste Marcus Manlius, der zuerst die Kelten von der Burg herabgestürzt hatte, als sie nachts das Kapitol angriffen, und daher den Beinamen Capitolinus erhalten hatte. Denn dieser hatte den Ehrgeiz, der Erste unter den Bürgern zu sein, und da er Camillus nicht auf ehrliche Weise an Ruhm übertreffen konnte, so suchte er sich auf die übliche und gewohnte Weise zum Alleinherrscher zu machen, indem er sich bei der Menge beliebt machte, vor allem den Verschuldeten beistand und sie gegen ihre Gläubiger vertrat, manche ihnen auch mit Gewalt abnahm und hinderte, daß sie nach dem Gesetz in die Schuldknechtschaft geführt wurden, so daß sich alsbald viele der Besitzlosen um ihn scharten, die durch dreistes Benehmen und Unruhen auf dem Markt die angesehenen Bürger in großen Schrecken versetzten. Als der hiergegen zum Diktator ernannte Quintius Capitolinus den Manlius ins Gefängnis werfen ließ, das Volk aber daraufhin Trauer anlegte, was sonst nur bei großen öffentlichen Unglücksfällen geschah, befahl der Senat in Besorgnis eines Aufruhrs die Entlassung des Manlius. Der war aber nach der Freilassung um nichts besser, sondern trieb seine Hetze noch schärfer und stürzte die Stadt in völlige Verwirrung. Jetzt wählten sie Camillus wieder zum Kriegstribun. Als aber der Prozeß gegen Manlius eingeleitet wurde, tat der Ausblick den Anklägern schweren Abbruch. Denn der Ort, wo Manlius gestanden und nachts gegen die Kelten gekämpft hatte, war über dem Markt am Kapitol zu sehen und erregte Mitleid bei denen, die darauf

blickten, und auch er selbst streckte die Hände dorthin aus, weinte und erinnerte sie an jene Kämpfe, so daß die Richter in Verlegenheit kamen und die Entscheidung mehrmals verschoben, da sie weder nach den zutage liegenden Beweisen das Verbrechen ungestraft lassen wollten, noch nach dem Gesetz verfahren konnten, solange wegen des Ortes seine einstige Ruhmestat vor ihren Augen lag. Daher besann Camillus sich eines Besseren und verlegte die Verhandlung nach außerhalb der Stadt in den petilinischen Hain. Da von dort das Kapitol nicht zu sehen war, trug der Ankläger seine Anklage vor, und die Richter hinderte die Erinnerung an die Vergangenheit nicht, ihrem Zorn über die gegenwärtigen Verbrechen stattzugeben. So wurde Manlius verurteilt, aufs Kapitol geführt und vom Felsen herabgestürzt, so daß derselbe Ort für ihn zum Erinnerungsmal der glücklichsten Tat und des größten Unglücks wurde. Die Römer rissen sein Haus nieder und erbauten auf dem Platz einen Tempel der Göttin, die sie Moneta* nennen, ferner beschlossen sie, daß fortan kein Patrizier auf der Burg sollte wohnen dürfen.

(Plutarch, Camillus 36 ungekürzt, Übersetzung: DTV-Gesamtausgabe Bd. I. S. 443 ff.)

AUFGABE

Vergleichen Sie kritisch die Darstellung bei Livius und bei Plutarch! Beachten Sie dabei besonders auch die Rolle, die Camillus spielt!

---

* Moneta: Iuno Moneta

Siebtes Kapitel: Die große Reform

1. Einleitung

„Der Ständekampf trat in sein Endstadium ein, während die außenpolitische Anspannung ihren Höhepunkt in den Kriegen gegen Vei, die Gallier und die Latiner erlebte. Und jetzt fanden die Plebejer die Männer, die ihre Sache zum Siege führten. 377, so will es unsere Überlieferung, wurden C. Licinius Stolo und L. Sextius zu Tribunen gewählt. An der Spitze eines ihnen ergebenen Kollegiums*, dessen Rechte bereits den späteren Umfang erreicht hatten, führten sie 10 Jahre die Sache ihrer Standesgenossen ebenso geschickt wie rücksichtslos."
(Fritz Taeger, Das Altertum, Geschichte und Gestalt der Mittelmeerwelt. 2 Bde. 6. Auflage 1958. Kohlhammer Verlag, Stuttgart. S. 494)

---

* Nach Livius allerdings waren es eben gerade die Kollegen, die vom Senat beeinflußt ihr Veto gegen die Gesetzesvorlagen des Licinius einlegten.

2. Die soziale Lage der Plebs: Schuldenlast lähmt die Aktivitäten (Livius VI, 34, 1—5)

34 Quanto magis prosperis eo anno bellis tranquilla omnia
foris erant, tanto in urbe vis patrum in dies miseriaeque
plebis crescebant, cum eo ipso, quod necesse erat solvi,
2 facultas solvendi impediretur. Itaque cum iam ex re nihil
dari posset, fama et corpore iudicati atque addicti creditori-
3 bus satisfaciebant poenaque in vicem fidei cesserat. Adeo
ergo obnoxios summiserant animos non infimi solum sed
principes etiam plebis, ut non modo ad tribunatum militum
4 inter patricios petendum, quod tanta vi ut liceret tetenderant,
sed ne ad plebeios quidem magistratus capessendos peten-
dosque ulli viro acri experientique animus esset, possessio-
nemque honoris usurpati modo a plebe per paucos annos
reciperasse in perpetuum patres viderentur. Ne id nimis
5 laetum parti alteri esset, parva, ut plerumque solet, rem
ingentem moliundi causa intervenit.

ÜBERSETZUNGSHILFEN

1. **quanto magis** (je mehr). . . **tanto** (so sehr); **prosperis . . . bellis:** prosper — günstig; **tranquillus** — ruhig; **miseriae** — Elend; **eo ipso, quod:** ,,gerade dadurch, daß . . .''; **solvi** — ,,Schulden abzahlen''; **facultas** — Möglichkeit.

Satzbau: quanto magis . . . erant,
tanto . . . crescebant,
cum eo ipso,
quod necesse erat solvi,
facultas solvendi impediebatur.

2. **ex re** (**familiari**) — aus dem Privatvermögen; **fama** — (guter) Ruf; **addictus** — ein (vom Gericht) als Schuldsklave (dem Gläubiger) Zugesprochener; **fama et corpore** bezieht sich auf iudicati atque addicti; **creditor** — Gläubiger; **invicem** — an Stelle; **fides** — Kredit = Abzahlung des Kredits.

3. und 4. *Satzbau:*
adeo ergo obnoxios summiserant animos non infimi solum sed principes etiam plebis,

a) ut non modo ad tribunatum . . . petendum
quod tanta vi ut liceret tetenderant,
sed ne ad plebeios quidem magistratus ulli viro . . . animus esset,

b) (et ut) possessionem honoris ... recuperavisse patres viderentur.

summittere — „sinken lassen"; **obnoxius animus** — der (durch Schulden) unterworfene Geist, Mut; **acer** — scharf = tüchtig; **experiens** — „unternehmend"; **mihi animus est:** mir ist = ich habe Mut; **tribunatus petendus** (Gerundivum!) — das anzustrebende Tribunat = die Bewerbung um das Tribunat; **tendere** — anstreben; **licere** — „zulassen"; **magistratum cap(ess)ere** — ein Amt einnehmen; **reci(u)perare** — wiedergewinnen; **honor usurpatus** — ein widerrechtlich besetztes Amt; **modo** — nur.

5. **id** — „dieser Zustand"; **nimis** — allzu; **laetus** — fröhlich, „angenehm"; **parva . . . causa** (Sperrung); **causa** — „Anlaß"; **moliri** — in Bewegung setzen; **moliundi** (Gerundium): davon abhängig (wen, was?): rem ingentem.

KOMMENTAR

1. **eo anno:** 377 v. Chr.

3. **principes plebis:** die reichen und angesehenen Plebejer, die inzwischen eine eigene „gens" mit Klienten besaßen, und die nach ihrem wirtschaftlichen Aufstieg nun auch noch den politischen anstrebten.

5. **ut plerumque solet:** Der Historiker schöpft aus seiner reichen Erfahrung und prägt sie in diese kurze Sentenz. Bei Sallust (Zeitgenosse Caesars), finden sich derartige Sentenzen in großer Zahl.

AUFGABEN

4. Welche „honor" ist wieder ganz in Händen der Patrizier, und was ist mit „plebeios magistratus" gemeint?

5. Welche Bedeutung gibt Livius der „causa parva"?

ALLGEMEINE AUFGABEN

a) Beschreiben Sie den Zustand der Plebs 377 v. Chr.!

b) Vergleichen Sie diesen mit dem des Jahres 494 (Auswanderung)!

c) Warum gibt es überhaupt keine plebeischen Beamten mehr?

3. M. Fabius Ambustus und seine Töchter
(Livius VI, 34, 5[Mitte]—10)

Gewöhnlich nimmt Livius die Erzählung immer, wenn sich eine wichtige Veränderung anbahnt, mit der Schilderung eines persönlichen Schicksals auf. Diesmal ist es die Geschichte einer beleidigten Patrizierin, die von ihrem Vater einem Plebejer zur Frau gegeben worden war. Dieser Plebejer, Licinius Stolo, gehörte zwar nicht der herrschenden Schicht der Patrizier an, übertraf aber an Reichtum viele Adelige und gehörte zu den mächtigsten Männern in der Plebs.
Ob die folgende Anekdote historisch ist, kann man heute nicht mehr beweisen. Sicher ist jedoch, daß einige reiche Plebejer zu dieser Zeit längst mit den patrizischen Häusern verschwägert waren und eine Beteiligung an der politischen Macht forderten.

M. Fabi Ambusti, potentis viri cum inter sui corporis homines
tum etiam ad plebem, quod haudquaquam inter id genus con-
temptor eius habebatur, filiae duae nuptae, Ser. Sulpicio
maior, minor C. Licinio Stoloni erat, illustri quidem viro
tamen plebeio; eaque ipsa adfinitas haud spreta gratiam
6 Fabio ad volgum quaesierat. Forte ita incidit ut in Ser.
Sulpici tribuni militum domo sorores Fabiae cum inter se,
ut fit, sermonibus tempus tererent, lictor Sulpici, cum is de
foro se domum reciperet, forem, ut mos est, virga percuteret.
Cum ad id moris eius insueta expavisset minor Fabia, risui
7 sorori fuit miranti ignorare id sororem; ceterum is risus
stimulos parvis mobili rebus animo muliebri subdidit.
Frequentia quoque prosequentium rogantiumque num quid
vellet credo fortunatum matrimonium ei sororis visum suique
ipsam malo arbitrio, quo a proximis quisque minime anteiri
8 volt, paenituisse. Confusam eam ex recenti morsu animi
cum pater forte vidisset, percontatus ‚satin salve?' averten-
tem causam doloris, quippe nec satis piam adversus sororem
9 nec admodum in virum honorificam, elicuit comiter scis-
citando, ut fateretur eam esse causam doloris, quod iuncta
impari esset, nupta in domo quam nec honos nec gratia
10 intrare posset. Consolans inde filiam Ambustus bonum
animum habere iussit: eosdem propediem domi visuram
11 honores quos apud sororem videat. Inde consilia inire cum
genero coepit, adhibito L. Sextio, strenuo adulescente et
cuius spei nihil praeter genus patricium deesset.

5. **potens** — mächtig, angesehen; **sui corporis** — ihres Standes; **haudquaquam** — keineswegs; **id genus** = plebeii; **contemptor:** von contemnere — verachten; **inlustris** (illustris) — berühmt; *Konstruktion:* **Ambusti . . . duae filiae nuptae (erant)**; **adfinitas** — Verwandtschaft; **spreta:** spernere — verachten, verschmähen; **quaesierat** = quaesiverat: quaerere — „verschaffen".
6. **incidere** — vorfallen, geschehen; **ut fit** — „wie üblich"; **tempus terere** — Zeit vertreiben; **se recipere** — sich zurückziehen; **forem percutere** — an die Tür schlagen; **virga** — Stab; **mos** — „Gewohnheit"; **insuetus** — ungewohnt; **expavescere** — erschrecken; **fuit:** esse doppelter Dativ!; **mirari** — sich wundern.
7. **stimulus** — Stachel, „Beleidigung"; **parvis mobili rebus:** „durch kleine Dinge erregbar"; **frequentia** — große Zahl; „Andrang"; *Konstruktion:* **credo . . . matrimonium sororis ei** (der jüngeren!) **fortunatum visum (esse)**; **prosequi** — geleiten; **numquid vis?** — hast du noch einen Wunsch?; *Konstruktion:* (credo): **sui (matrimonii) paenituisse**; **paenitet** m. Genetiv: bereuen; **malo arbitrio, quo:** Nach dem üblen Vorurteil, daß . . .; **anteire** — vorangehen, „übertreffen"; **proximi** = propinqui.
8. **confusus** — verwirrt, beunruhigt; **morsus** — Biß; **morsus animi** — „verletzter Stolz"; **percontari** — sich erkundigen; **satin salve** = satisne salve: „ist alles in Ordnung?"; **causam avertere** — den Grund verschweigen; **avertentem** (Part. Praes.): „als sie . . .".
9. *Konstruktion:* **(Fabius) elicuit (filiam), ut fateretur . . .; elicere** —herauslocken, „herausbekommen"; **sciscitando** (Gerundium): durch Fragen; **comiter** — freundlich; **impar** — ungleich; **honos + gratia:** „Rang und Würde".
10. **consolari** — trösten; **propediem** — demnächst; **gener** — Schwiegersohn; **cuius spei:** spes auf ein politisches Amt (honos); **genus** — Herkunft.

AUFGABE

a) Beurteilen Sie bitte die Bedeutung dieser Anekdote für die Gesamterzählung!
b) Überlegen Sie bitte, ob die hier angeführten Argumente die wahren Gründe für den erneuten Ausbruch des sozialen Konfliktes sind!
c) Beurteilen Sie das Verhalten des Fabius Ambustus!

4. **Das Programm** (Livius VI, 35, 1—5)

35 Occasio videbatur rerum novandarum propter ingentem
vim aeris alieni, cuius levamen mali plebes nisi suis in
summo imperio locatis nullum speraret: accingendum ad
2 eam cogitationem esse; conando agendoque iam eo gradum
fecisse plebeios unde, si porro adnitantur, pervenire ad
summa et patribus aequari tam honore quam virtute possent.
3 In praesentia tribunos plebis fieri placuit, quo in magistratu
4 sibimet ipsi viam ad ceteros honores aperirent; creatique
tribuni C. Licinius et L. Sextius promulgavere leges omnes
adversus opes patriciorum et pro commodis plebis: unam
de aere alieno, ut deducto eo de capite quod usuris per-
numeratum esset id quod superesset triennio aequis portioni-
5 bus persolveretur; alteram de modo agrorum, ne quis plus
quingenta iugera agri possideret; tertiam, ne tribunorum
militum comitia fierent consulumque utique alter ex plebe
crearetur; cuncta ingentia et quae sine certamine maximo
obtineri non possent.

ÜBERSETZUNGSHILFEN

1. **occasio** — Gelegenheit; **novare** (novus!) — erneuern; **rerum novandarum:** Gerundiv: ,,um ... zu''; **vis** — ,,Masse''; **levamen** (levis!) — eine Erleichterung; *Konstruktion:* **cuius ... mali plebs nullum levamen speraret, nisi ...; suis ... locatis:** Abl. abs.; **locare** (locus!) — ,,bringen''; **imperium** — Macht; **accingere** — sich gürten = sich rüsten, sich anschicken ...; **accingendum:** Gerundiv!

2. **conari** (Depon.) — versuchen; **agere** — handeln; **conando agendoque:** Gerundium; **gradus** — Schritt; **unde** — von wo; **porro** — weiter; **adniti** (Depon.) — sich anstrengen; **tam — quam** = et — et.

3. **in praesentia** — ,,fürs erste''; **sibimet** = sibi verstärkt; **honores** — Staatsämter.

4. **promulgare** — öffentlich verkünden; **opes** (Plural) — Macht; **commodum** — Vorteil; **deducere** — abziehen; **caput** — (geschuldetes) Kapital; **usurae** — Zinsen; **pernumerare** — abzahlen; **triennium** = tres anni; **portio** — Rate.

5. **modus** — (Höchst-) Maß; **iugerum** — ein Morgen Land: 240 × 120 Fuß; **ingentia** — ,,Ungeheuerlichkeiten''; **obtinere** — erhalten, erreichen.

KOMMENTAR

1. **ingentem vim** etc.: Im Gegensatz zur vorigen Anekdote der wahre Grund.
4. **Licinius Sextius:** Die anderen erwähnt Livius nicht.
promulgavere leges: Diese Gesetzesvorschläge waren wohl ihr Wahlprogramm.
deducto capite usw.: hatte schon Manlius Capitolinus vorgeschlagen: „de capite deducite, quod usuris pernumeratum est." (VI, 15, 10).
5. **quingenta iugera:** Nach der Tradition genügen zwei iugera, um die Familie zu ernähren. Also sind 500 eine enorme Menge, aber das Gesetz zeigt, daß sie in der Wirklichkeit noch oft übertroffen wurden. Nach Kornemann sollen dies ca. 115 ha gewesen sein, andere Schätzungen gehen sogar auf ca. 125 ha, also ca. 1150000 Quadratmeter, über 1 qkm!
consulum alter: Die Plebejer wünschten Anteil an der höchsten Staatsmacht, vermutlich der Prätur. Gab es nur einen obersten Prätor (Bleicken!), so verlangten sie eine Teilung des Amtes in eine plebejische und eine patrizische Prätur. Beide sollten nach dem Prinzip der Kollegialität völlig gleichberechtigt sein.

AUFGABEN

1. **occasio:** Warum gerade jetzt? Worin besteht die einzige Hoffnung?
4. Warum werden Licinius und Sextius gewählt?
Wie soll die Plebs entschuldet werden? Urteilen Sie!
5. Warum das Ackergesetz?
Beurteilen Sie die Zumutbarkeit des Höchstmaßes für die Reichen!
Welche Bedeutung hat die Forderung nach der höchsten Staatsmacht?
Welche Plebejer kommen für das erstrebte (Ehren!-)Amt in Frage?

5. **Rom wird unregierbar** (Livius VI, 35, 6—10)

6 Omnium igitur simul rerum, quarum immodica cupido
inter mortales est, agri, pecuniae, honorum discrimine pro-
posito conterriti patres, cum trepidassent publicis privatisque
consiliis, nullo remedio alio praeter expertam multis iam
ante certaminibus intercessionem invento collegas adversus
7 tribunicias rogationes comparaverunt. Qui ubi tribus ad
suffragium ineundum citari a Licinio Sextioque viderunt,
stipati patrum praesidiis nec recitari rogationes nec sollemne
8 quicquam aliud ad sciscendum plebi fieri passi sunt. Iamque
frustra saepe concilio advocato, cum pro antiquatis roga-
tiones essent, ‚bene habet' inquit Sextius; ‚quando quidem
tantum intercessionem pollere placet, isto ipso telo tutabimur
9 plebem. Agitedum comitia indicite, patres, tribunis militum
creandis; faxo ne iuvet vox ista veto, qua nunc concinentes
10 collegas nostros tam laeti auditis.' Haud inritae cecidere
minae: comitia praeter aedilium tribunorumque plebi nulla
sunt habita. Licinius Sextiusque tribuni plebis refecti nullos
curules magistratus creari passi sunt; eaque solitudo magi-
stratuum et plebe reficiente duos tribunos et iis comitia
tribunorum militum tollentibus per quinquennium urbem
tenuit.

ÜBERSETZUNGSHILFEN

6. **immodicus** — maßlos; **mortalis** (dichter.) — Mensch; **discrimen** — Unterschied; **conterriti** = territi; **trepidare** — ,,trippeln" = unschlüssig hin- und herlaufen, bei einer Entscheidung schwanken; **remedium** — Mittel; **expertus** — bewährt; **intercessio** — Einspruch, ,,Veto"; **rogatio** — Gesetzesantrag; *Konstruktion:* **conterriti patres** (discrimine omnium rerum, quarum . . ., proposito) **cum trepidassent . . ., nullo remedio invento, . . . collegas . . . comparaverunt; comparare** — beschaffen.
7. **tribus**: Plural! Bezirke; **suffragium** — Abstimmung; **citare** — aufrufen; **stipare** — umringen, umgeben; umdrängen; **recitare** — vorlesen; **sollemne** — ,,Amtshandlung"; **ad sciscendum** (Gerundium): scisco — beschließen, verordnen, für etw. stimmen; **pati** (m. a.c.i.!) — erlauben.
8. **concilium** — Versammlung; **antiquatus** — abgelehnt; **bene habet** — ,,na schön"; **quando quidem** = quod; **pollere** — wirksam sein; **telum** — Waffe; **tutari** — schützen.
9. **agitedum:** Ausdruck (ironischer) Zustimmung: ,,wohlan (es

sei!)"; **creandis:** Gerundiv: „für die Wahl ..."; **faxo:** ich werde dafür sorgen; **iuvare** — „Freude machen"; **concinere**, -cino: harmonisch singen, übereinstimmen;
10. **inritus** — vergeblich; **mina** — Drohung; **reficere** — wiederwählen; **curules magistratus** — die Staatsbeamten; **solitudo** — Einsamkeit; **solitudo magistratuum:** die Nicht-Besetzung der Beamtenstellen; **tollere** — „verbieten"; **quinquennium** = quinque anni; **tenere** — halten, „beherrschen".

KOMMENTAR

6. **quarum immodica cupido inter mortales est:** Eine sallustisch anmutende Sentenz: Das Streben der Menschen nach Land, Geld und Macht.
expertam: Das Veto ist in das freie Ermessen der Tribunen gestellt und kann, wie man sieht, sehr verschieden verwendet werden.
comparaverunt: durch Geld?
7. **tribus:** Auf die Tributkomitien der vier Stadtbezirke (tribus) hatten die Patrizier keinen Einfluß. Diese Versammlung wurde vom Tribunen geleitet und versuchte, den Zenturiatkomitien die Macht streitig zu machen.
8. Nach dem Veto konnte es zu keiner Abstimmung mehr kommen. Die Versammlung besitzt nicht das Recht der Gesetzesinitiative.
9. **tribuni militum:** Roms höchste Beamte, die Prätoren.
10. **aedilium tribunorum:** die plebejischen (nicht curulischen) Magistrate.
refecti: Die unmittelbare Wiederwahl widerspricht dem Brauch, ist aber nicht gesetzlich verboten.

AUFGABEN

a) Wie treten die Senatoren der Plebs entgegen?
b) Wie beurteilen Sie die Handlungsweise der senatsfreundlichen Volkstribunen?
c) Wie reagiert Licinius auf die Ablehnung der Anträge?
d) Beschreiben Sie Stärke und Schwäche des Volkstribunates und überlegen Sie, wie der Staat wieder regierbar gemacht werden könnte!

5 LK 39 Libertas 10739

6. Neue Hoffnungen für die Plebejer (Livius VI, 36, 7—9)

Nach fünf Jahren ohne Regierung soll ein Krieg gegen Velitrae (heute Velletri) im Volskerland ausgebrochen sein. Die Volkstribune zeigten staatsmännischen Weitblick und ließen die Wahl der Militärtribune (Prätoren) zu. Allerdings scheint der Krieg nicht gerade ruhmreich für Rom gelaufen zu sein. Nach dieser knappen Schilderung (36, 1—6) kehrt Livius wieder zur Innenpolitik zurück:

7 In maiore discrimine domi res vertebantur. Nam praeter
Sextium Liciniumque latores legum, iam octavum tribunos
plebis refectos, Fabius quoque tribunus militum, Stolonis
socer, quarum legum auctor fuerat, earum suasorem se haud
8 dubium ferebat; et cum octo ex collegio tribunorum plebi
primo intercessores legum fuissent, quinque soli erant, et,
ut ferme solent qui a suis desciscunt, capti et stupentes animi
vocibus alienis id modo quod domi praeceptum erat inter-
9 cessioni suae praetendebant: Velitris in exercitu plebis
magnam partem abesse; in adventum militum comitia differi
debere, ut universa plebes de suis commodis suffragium
ferret.

ÜBERSETZUNGSHILFEN

7. **discrimen** — Krise, gefährliche Lage; **lator legis:** einer, der eine Gesetzesvorlage macht; **Stolonis:** Licinii Stolonis; **socer** — Schwiegervater; **suasor** (von suadere) — Befürworter; **se ferre** — „sich zeigen".
8. **intercessor** (v. intercedere) — ein gegen etwas Einschreitender; **ferme** — beinahe, fast (immer); **desciscere, -o** — untreu werden, abfallen; **captus:** „voreingenommen", „bestochen"; **stupens** — „starr, stur"; **vocibus alienis** — „mit anderen Worten" (als sie dachten!); **praecipere** — vorschreiben; **praetendere** — vorgeben, vorschützen; *Konstruktion:* **cum . . . fuissent,** (jetzt) **quinque soli erant, et** (ii quinque) **. . . capti et stupentes animi** (= Menschen) **vocibus alienis id . . ., quod . . . praeceptum erat, . . . praetendebant.**
9. **differre** — aufschieben; **suffragium ferre** — abstimmen.

KOMMENTAR

7. **Stolo:** bekannter Beiname der Licinii. Bedeutung: ,,Tölpel" oder ,,Räuber".
8. **ut ferme solent . . . capti et stupentes:** Livius bezieht eindeutig Stellung und beurteilt das Verhalten der ,,intercessores" als typisch menschlich.
intercessio: Das Verbot der Tribunen gegen den Antrag. Eigentlich ist dieses Recht zum Schutze der Plebs eingeführt worden. (!)
9. **Velitrae:** Stadt am Südhang des Albanerberges, keine 20 km von Rom entfernt in der Nähe der damals noch nicht erbauten Via Appia. Rom ist von späterer Größe noch weit entfernt.

AUFGABEN

7. **in maiore discrimine:** Wie beurteilt Livius (seine Quellen) den Feldzug im Vergleich zur inneren Lage?
8. Wie verhalten sich die fünf Tribune, und wie beschreibt Livius ihre Handlungsweise?
Welche Position bezieht Livius?
9. Nehmen Sie Stellung zu den Argumenten der fünf Tribunen!

ALLGEMEINE AUFGABE ZUM KAPITEL

Schildern Sie kritisch die neuentstandene Lage!

7. Vorwürfe und neue Forderungen
(Livius VI, 36, 10—12 und 37, 1—8[Mitte]; 37, 10—12)

10 Sextius Liciniusque cum parte collegarum et uno ex tribunis
militum Fabio, artifices iam tot annorum usu tractandi
animos plebis, primores patrum productos interrogando
de singulis, quae ferebantur ad populum, fatigabant: aude-
rentne postulare ut, cum bina iugera agri plebi dividerentur,
11 ipsis plus quingenta iugera habere liceret ut singuli prope
trecentorum civium possiderent agros, plebeio homini vix
ad tectum necessarium aut locum sepulturae suus pateret
12 ager? an placeret fenore circumventam plebem, [ni] potius
quam sortem [creditum] solvat, corpus in nervum ac supplicia
dare et gregatim cottidie de foro addictos duci et repleri
vinctis nobiles domus et, ubicumque patricius habitet, ibi
carcerem privatum esse?
37 Haec indigna miserandaque auditu cum apud timentes
sibimet ipsos maiore audientium indignatione quam sua
2 increpuissent, atqui nec agros occupandi modum nec fenore
trucidandi plebem alium patribus unquam fore, adfirma-
bant, nisi alterum ex plebe consulem, custodem suae libertatis,
3 [plebi] fecissent. contemni iam tribunos plebis, quippe quae
potestas iam suam ipsa vim frangat intercedendo. non
4 posse aequo iure agi ubi imperium penes illos, penes se
auxilium tantum sit; nisi imperio communicato nunquam
plebem in parte pari rei publicae fore. nec esse quod quis-
quam satis putet, si plebeiorum ratio comitiis consularibus
habeatur; nisi alterum consulem utique ex plebe fieri necesse
5 sit, neminem fore. an iam memoria exisse, cum tribunos
militum idcirco potius quam consules creari placuisset ut

ÜBERSETZUNGSHILFEN

10. **artifex** — Künstler, Meister; **tractare** — führen, leiten; **primores** — die Führenden; **ferre ad populum** — beim Volke beantragen; **fatigare** — ermüden.

11. **cum** — „obwohl nur"; **tectum** — „Haus" (pars pro toto); **sepultura** — (von sepelire) — Bestattung, Beisetzung; **patere** — frei sein, frei bleiben.

12. **placet** — „es ist richtig"; **circumvenire** — „unterdrücken"; **sortem creditum solvere** — Schulden abzahlen; **nervus** — Gefängnis; **supplicium** — Hinrichtung, Todesstrafe; **gregatim**

(grex!) — scharenweise; **addictus** — als Schuldknecht zugesprochen; **nobiles domus** = domus patrum.
1. **haec indigna miserandaque auditu** (Supin II): dieses, das empörend und bejammernswert anzuhören war . . . ; **timere sibi** — für sich selbst fürchten; **sibimet** = sibi; **indignatio** — Empörung; *Konstruktion* (umstellen!): **cum** (**Licinius Sextiusque**) **haec . . . apud timentes sibimet maiore indignatione audientium quam sua** (**indignatione**) **increpuissent . . .; increpare** — „angreifen".
2. **atqui** — vielmehr; **adfirmare** — nachdrücklich behaupten; *Konstruktion:* (**Lic. Sextiusque**) **adfirmabant:** (a.c.i. Futuri): **nec . . . modum . . . alium patribus umquam** (jemals) **fore . . .**
3. *Konstruktion:* indirekte Rede bis Satz 11, abhängig von „adfirmabant.. in Satz 2; **quippe quae** (kausal. Relativsatz): „weil diese . . .".
4. **ubi** — „wenn"; **penes** (acc.) — bei; **communicare** — gleichmachen, angleichen; **nisi imperio communicato** (abl. abs.): außer wenn zuvor . . . ; **satis est** — es genügt; **rationem habere** — die Meinung berücksichtigen; **utique** — in jedem Fall; **neminem fore:** fore consulem!
5. **idcirco potius** — nur deshalb lieber.

KOMMENTAR

10. **tot annorum:** Der Brauch der Annuität des Beamten wurde übergangen; **Fabio:** Fabius Ambustus, berühmter Patrizier, Schwiegervater des Licinius.
11. **bina iugera:** galten als Existenzminimum des Kleinbauern. Das Vieh wurde auf das Gemeindeland (compascua) getrieben. quingenta iugera: Der reichste Plebejer, unser Licinius, besaß selbst mindestens ebensoviel! (Vgl. Liv. VII, 16, 9!)
12. **carcerem privatum:** vielleicht eine rhetorische Übertreibung, zeigt aber die Notwendigkeit der Reform. Die „patres" kümmerten sich nicht um die Lage der Klienten.
2. **alterum consulem:** Anteil an der höchsten Staatsmacht: Licinius fordert die Hälfte der Macht für die (reichen) Plebejer.
3. **intercedendo:** Durch die eigenen Kollegen werden Licinius und Sextius blockiert.
5. **neminem ex plebe:** Auch die Militärtribune (oder „praetores minores") stammten fast ausschließlich aus den Reihen der Patrizier, auch wenn es gelegentlich einem mächtigen Plebejer gelang, dieses Amt zu besetzen (z. B. den Liciniern!).

AUFGABEN

11. Wie wird die Forderung nach dem Ackergesetz begründet?
12. Mit welchen Argumenten wird gegen das Schuldrecht Stellung genommen?
1. Warum zieht die Plebs mit?

et plebeiis pateret summus honos, quattuor et quadraginta
annis neminem ex plebe tribunum militum creatum esse?
6 qui crederent duobus nunc in locis sua voluntate impertituros
plebi honorem, qui octona loca tribunis militum creandis
occupare soliti sint, et ad consulatum viam fieri passuros,
7 qui tribunatum saeptum tam diu habuerint? lege obtinen-
dum esse quod comitiis per gratiam nequeat, et seponendum
extra certamen alterum consulatum ad quem plebi sit aditus,
quoniam in certamine relictus praemium semper potentioris
8 futurus sit. nec iam posse dici id quod antea iactare soliti
sint, non esse in plebeiis idoneos viros ad curules magistratus.
10 ... consulatum superesse plebeiis; eam esse arcem liber-
tatis, id columen. si eo perventum sit, tum populum Romanum
vere exactos ex urbe reges et stabilem libertatem suam
11 existimaturum; quippe ex illa die in plebem ventura omnia
quibus patricii excellant, imperium atque honorem, gloriam
belli, genus, nobilitatem, magna ipsis fruenda, maiora
12 liberis relinquenda. Huius generis orationes ubi accipi
videre, novam rogationem promulgant, ut pro duumviris
sacris faciundis decemviri creentur ita ut pars ex plebe,
pars ex patribus fiat; omniumque earum rogationum comitia
in adventum eius exercitus differunt qui Velitras obsidebat.

ÜBERSETZUNGSHILFEN

6. **impertire** — zukommen lassen, schenken; **qui crederent:** „Wie könnten sie glauben?“; *a.c.i.-Konstruktion:* **patrios . . . impertituros** (esse) **honorem . . .; passuros:** pati; **saeptus** — abgeschlossen, „unzugänglich“ (f. Plebejer).

7. **lege obtinere** — „gesetzlich festlegen“; **obtinendum:** Gerundiv: „es müsse . . .“; *Konstruktion:* (**id**)**obtinendum esse, quod.; per gratiam** (= als Zugeständnis). *Konstruktion:* **quod (obtineri) nequeat; nequire** (ne-ire!) — nicht können; **seponere** — abtrennen; **plebi:** „nur der Plebs“; **relictus:** consulatus relictus; **relinquere** — zurücklassen, belassen; *Konstruktion:* (**consulatus**) **relictus futurus sit.** (Umschreibe den Konjunktiv Futur.)

8. **iactare** — prahlen; **soliti:** solere; **idoneus** — geeignet; **curules magistratus** — die kurulischen Staatsämter (z. B. Konsulat);

10. **columen** — Säule, Grundpfeiler; *Konstruktion:* **eam** und **id** bezieht sich sachlich auf consulatum, grammatisch auf arcem und columen; **eo** — dorthin; *Konstruktion:* doppelter a.c.i.: **populum Romanum . . . exactos . . .** (**esse**) **reges . . . existimaturum** (**esse**); **exigere** — vertreiben.

11. **quippe** — denn; *Konstruktion* (a.c.i.): **omnia ventura esse, quibus . . .; excellere** — herausragen; **fruenda:** Gerundiv! magna fruenda: „große Dinge zum Genießen"; **relinquenda:** konstr. wie fruenda. Ende der indirekten Rede!
12. **rogationem promulgare:** Einen Gesetzesantrag öffentlich verkünden; **duumviri sacris faciundis** (Gerundiv!) — Zweimännerkollegium für die Erledigung der Opferungen; **decemviri** — Zehnmännerkollegium.

KOMMENTAR

7. **lege:** Das erreichten die Plebejer nie, auch wenn der Aufstieg möglich wurde. seponendum extra certamen: ein Eingeständnis, daß noch zu wenige plebejische Familien in der Lage waren, dieses Amt zu besetzen.
8. **idoneos viros:** Licinius! oder Sextius!
10. **vere exactos reges:** ein hartes Urteil über die Patrizierherrschaft.
11. **imperium atque honorem:** beschreibt die Stellung eines hohen Beamten.
gloriam belli: Heerführer waren nur diese obersten Beamten. Kaum ein Plebejer konnte also Kriegsruhm gewinnen.
genus — Geschlecht, Familie: Die Plebejer waren meist Klienten bei den Patriziern. Licinius und Sextius, die beide inzwischen eine plebejische „gens" mit vielen Klienten hinter sich haben, fordern dieses Recht für alle Plebejer, fordern eine juristische Bestätigung. Das überlieferte Klientelsystem stellt er nicht in Frage. Als „Revolutionär" müßte er dessen Vernichtung betreiben.
12. **duumviri:** Zweimännerbehörde mit der Aufsicht über die berühmten Bücher der Sibylle von Cumae (sibyll. Bücher). Seit Sulla wurde das Kollegium der Zehnmänner auf ein Kollegium von 15 Priestern erweitert. Ihre einzige Aufgabe bestand in der Befragung dieser Bücher, bzw. deren Weissagungen. Mit der Forderung nach Einführung der „decemviri" stößt die Plebs in einen neuen Bereich vor: Zum Priestertum waren ebenfalls nur Patrizier zugelassen.

AUFGABEN

7. Wie beurteilt Licinius die Chancen der Plebejer bei „freiem Wettbewerb"? Welche Konsequenzen zieht er daraus?
11. Was wollen die Plebejer erreichen?
12. Beurteilen Sie die Bedeutung der neuen Forderung!

8. **Camillus greift ein** (Livius VI, 38, 3—9 Anfang)

Principio statim anni ad ultimam dimicationem de legibus
ventum; et cum tribus vocarentur nec intercessio collegarum
latoribus obstaret, trepidi patres ad duo ultima auxilia,
4 summum imperium summumque ad civem decurrunt. Dicta-
torem dici placet; dicitur M. Furius Camillus, qui magistrum
equitum L. Aemilium cooptat. Legum quoque latores ad-
versus tantum apparatum adversariorum et ipsi causam
plebis ingentibus animis armant concilioque plebis indicto
tribus ad suffragium vocant.
5 Cum dictator, stipatus agmine patriciorum, plenus irae
minarumque consedisset atque ageretur res solito primum
certamine inter se tribunorum plebi ferentium legem inter-
cedentiumque et, quanto iure potentior intercessio erat,
tantum vinceretur favore legum ipsarum latorumque et
,uti rogas' primae tribus dicerent, tum Camillus ,quando
6 quidem' inquit, ,Quirites, iam vos tribunicia libido, non
potestas regit et intercessionem, secessione quondam plebis
partam, vobis eadem vi facitis inritam qua peperistis, non
rei publicae magis universae quam vestra causa dictator in-
tercessioni adero eversumque vestrum auxilium imperio
7 tutabor. Itaque si C. Licinius et L. Sextius intercessioni col-
legarum cedunt, nihil patricium magistratum inseram con-
cilio plebis; si adversus intercessionem tamquam captae
civitati leges imponere tendent, vim tribuniciam a se ipsa
dissolvi non patiar.' Adversus ea cum contemptim tribuni

ÜBERSETZUNGSHILFEN

3. **dimicatio** — Streit; **auxilium** — Hilfsmittel; Mittel; **decurrere** — „Zuflucht nehmen".
4. **cooptare** — hinzuernennen; **legislator** — Antragsteller (eines Gesetzes); **apparatus** — Aufwand, Macht; **causa** — Sache, Angelegenheit; **concilium plebis** — Volksversammlung der gesamten Plebs;
5. **stipatus** — begleitet; *Konstruktion:* Der cum-Satz geht bis tum, also: als ..., da ...; **agere** — verhandeln; **certamen:** von certare; **quanto — tantum:** um wieviel, so sehr; **potens** — „berechtigt"; **favor** — Beliebtheit, Gunst; **lator** = legis lator; **uti rogas:** „wie du beantragst" = ich stimme zu;

Konstruktion:
cum dictator ... consedisset
atque (**cum**) ageretur res ... certamine tribunorum inter se:
a) (tribunorum) ferentium legem
b) (tribunorum) intercedentium (legem)
et (**cum**) quanto potentior intercessio erat
tantum (intercessio) vinceretur ...
„uti rogas“ primae tribus dicerent,
tum Camillus ... inquit ...
6. **quando quidem** — weil also; **libido** — Willkür; **intercessio** — „Einspruchsrecht“; **partus:** parere, io, peperi, partum — erwerben; **inritus** — ungültig; wirkungslos; **intercessioni adesse:** den Einspruch unterstützen; **eversus** — zerstört; **auxilium** = ius auxilii; **imperium** — Macht des Beamten; **tutari** — schützen.
7. **cedere** — „nachgeben“; **inserere** — „einschalten“; **tendere** — durchzusetzen suchen; **dissolvere** — „zerstören“.

KOMMENTAR

3. **principio anni:** 367. **ultima dimicatio:** ein Jahr später kam es zum Kompromiß.
tribus: Gesetze geben nur die Centuriatcomitien; die Abstimmung der tribus über diese Frage ist ein revolutionärer Akt, der neues Recht schaffen würde.
summum civem = Camillus: In der Schilderung des Livius die überragende Persönlichkeit der Römer zu dieser Zeit. In seiner dominierenden Stellung könnte er von Livius als „Vorahnung“ des Kaisers Augustus gemeint sein. Über Jahrzehnte meistert Camillus als Dictator (Praetor maximus) jede kritische Situation‘ hier hat er aber offenbar seine Möglichkeiten überschätzt. Übrigens: Er muß zu dieser Zeit schon über 80 Jahre alt gewesen sein!
5. **stipatus:** Camillus fürchtete um die eigene Sicherheit und soll sogar in die Curia geflüchtet sein (Plut. Cam. 42).
plenus irae minarumque: Camillus wollte — erfolglos — mit seinem „imperium“ jede Verhandlung verhindern, zeigt also keinerlei Kompromißbereitschaft.
favore legum: Die Masse setzt sich über die Legalität der Einsprüche hinweg.

AUFGABEN

4. Warum wird Camillus zum Dictator bestimmt? Wie reagiert Livius auf diese Ernennung? Beurteilen Sie, ob die Wahl glücklich zu nennen ist!
5. Wie urteilt Livius (seine Quellen) über die Rechtmäßigkeit de- Abstimmung?
6. Wie läßt Livius in dieser Rede „seinen“ Camillus argumentieren? Wer untergräbt die Macht des Volkstribunen?

8 plebis rem nihilo segnius peragerent, tum percitus ira Camillus lictores qui de medio plebem emoverent misit et addidit minas, si pergerent, sacramento omnes iuniores adacturum exercitumque extemplo ex urbe educturum.
9 Terrorem ingentem incusserat plebi: ducibus plebis accendit magis certamine animos quam minuit.

Bevor der Streit entschieden werden kann, tritt Camillus von seinem Amt zurück. Ein anderer Patrizier tritt an seine Stelle.

ÜBERSETZUNGSHILFEN

8. **contemptim:** von contemnere; **nihilo segnius** (Stilfigur der Litotes) — trotzdem; **peragere** — weiterverhandeln; **percitus ira** — „voll Zorn"; **pergere** — weitermachen; **sacramentum** — Eid des Soldaten, „Fahneneid"; **adigere** — „einziehen"; **extemplo** — sofort.

9. **incutere** — hineinschlagen, „einjagen".

KOMMENTAR

8. **lictores:** die Amtsdiener der Magistrate; Amtszeichen: die „fasces", Rutenbündel; Die Lictoren sollen den Beamten den nötigen Respekt verschaffen. Sie machen Platz (summovere plebem), vollziehen Hinrichtungen, begleiten den Beamten in der Öffentlichkeit. Der Rang des Beamten spiegelt sich in der Zahl der begleitenden Lictoren wieder.

9. **accendit:** Man ist von der „Größe" des Mannes nicht beeindruckt.

AUFGABE

8. Beurteilen Sie den Lösungsversuch des Camillus (gewaltsame Auflösung der Volksversammlung)!

9. Alles oder nichts! (Livius VI, 39, 1—4)

39 Inter priorem dictaturam abdicatam novamque a Manlio initam ab tribunis velut per interregnum concilio plebis habito apparuit quae ex promulgatis plebi, quae latoribus
2 gratiora essent. Nam de fenore atque agro rogationes iubebant, de plebeio consule antiquabant; et perfecta utraque res esset, ni tribuni se in omnia simul consulere
3 plebem dixissent. P. Manlius deinde dictator rem in causam plebis inclinavit C. Licinio, qui tribunus militum fuerat,
4 magistro equitum de plebe dicto. Id aegre patres passos accipio: dictatorem propinqua cognatione Licini se apud patres excusare solitum, simul negantem magistri equitum maius quam tribuni consularis imperium esse.

ÜBERSETZUNGSHILFEN

1. **abdicare** — „niederlegen"; **velut** = ut; **interregnum** — „Zwischenregierung", Interregnum.
2. **antiquare** — ablehnen; **ni** = nisi.
3. **rem in causam** (alicuius) **inclinare** — der Sache zugunsten von ... eine Wendung geben.
4. **aegre pati** — kaum ertragen; **accipere** — hören; **cognatio** — Verwandtschaft; **tribunus consularis** = tribunus militum.

KOMMENTAR

1. **Manlio:** P. Manlius Capitolinus, ein Verwandter des Capitol-Verteidigers.
interregnum: War Roms König (rex) gestorben, leiteten ausgeloste Senatoren bis zur Amtseinführung des neuen Königs den Staat (Liv. 1, 17; Cic. r.p. 2. 12). Diese Senatoren nannte man „interreges", den Zeitraum „interregnum".
Auch in republikanischer Zeit gab es den „interrex" = Zwischenkönig, wenn die obersten Magistrate gestorben, gefallen oder zurückgetreten waren. Da nun hier ein kurzes Machtvakuum entstanden war, versuchen die Volkstribune, diese Lücke zugunsten der Plebs auszufüllen.
2. **antiquabant:** In der römischen Volksversammlung wird nicht debattiert oder auch nur argumentiert, sondern nur über Vorlagen abgestimmt. Also haben die senatsfreundlichen Tribune einen Kompromißvorschlag gemacht, dem das Volk zustimmen würde, aber es geht nur darum, über die alten Gesetzesvorschläge des Licinius mit ja oder nein abzustimmen. Licinius macht die Versammlung darauf aufmerksam.
3. **Licinio:** Ein Verwandter des Volkstribuns.
4. **accipio:** Livius nennt seine Quellen nicht bei Namen.
cognatione: Dieser Licinius war also mit der hochberühmten Patrizierfamilie der Manlii verschwägert. Seit den Bemühungen des Canuleius war dies möglich.
magistri equitum: In der klassischen Republik bestimmte der Dictator seinen Stellvertreter, den „magister equitum". Vermutlich nannte sich Manlius nur „Praetor maximus", und Licinius war einer der Stellvertreter. In die Reihe der Militärtribunen aufgenommen zu werden, war schon etlichen Plebejern gelungen. So wird Licinius vielleicht hier dieses Amt erneut übernommen haben.

AUFGABEN

a) Beurteilen Sie das Taktieren der senatsfreundlichen Tribunen und des Licinius!
b) Was wünscht die Plebs, welche Ziele streben Licinius und Sextius an?
c) Beurteilen Sie das Verhalten der Plebs!

10. Vorwürfe gegen die Plebs (Livius VI, 39, 5—12)

5 Licinius Sextiusque, cum tribunorum plebi creandorum
indicta comitia essent, ita se gerere ut negando iam sibi
velle continuari honorem acerrime accenderent ad id quod
6 dissimulando petebant plebem: nonum se annum iam velut
in acie adversus optimates maximo privatim periculo, nullo
publice emolumento stare. consenuisse iam secum et roga-
tiones promulgatas et vim omnem tribuniciae potestatis.
7 primo intercessione collegarum in leges suas pugnatum esse,
deinde ablegatione iuventutis ad Veliternum bellum; postre-
8 mo dictatorium fulmen in se intentatum. iam nec collegas
nec bellum nec dictatorem obstare, quippe qui etiam omen
plebeio consuli magistro equitum ex plebe dicendo dederit:
9 se ipsam plebem et commoda morari sua. liberam urbem
ac forum a creditoribus, liberos agros ab iniustis possessori-
10 bus extemplo, si velit, habere posse. quae munera quando
tandem satis grato animo aestimaturos, si inter accipiendas
de suis commodis rogationes spem honoris latoribus earum
incidant? non esse modestiae populi Romani id postulare
ut ipse fenore levetur et in agrum iniuria possessum a potenti-
bus inducatur, per quos ea consecutus sit senes tribunicios
non sine honore tantum sed etiam sine spe honoris relin-
11 quat. proinde ipsi primum statuerent apud animos quid
vellent; deinde comitiis tribuniciis declararent voluntatem.
si coniuncte ferre ab se promulgatas rogationes vellent, esse
quod eosdem reficerent tribunos plebis; perlaturos enim
12 quae promulgaverint: sin quod cuique privatim opus sit id
modo accipi velint, opus esse nihil invidiosa continuatione
honoris; nec se tribunatum nec illos ea quae promulgata
sint habituros.

ÜBERSETZUNGSHILFEN

5. **se gerere** — sich verhalten; **negando, dissimulando**: Gerundium; *Konstruktion:* **ita . . ., ut negando . . . accenderent . . . plebem.**
6. Beginn einer indirekten Rede! **optimates** = patricios; **emolumentum** — Erfolg; **consenescere** — ein hohes Alter erreichen.
7. **ablegatio** — das Wegsenden; **fulmen** — Blitzstrahl; **intentare** — ausstrecken, hinrichten.

8. **quippe qui etiam** (kausal. Relativsatz) — „weil nämlich auch der ...".
9. **commodum** — Vorteil; **morari** — verzögern; **extemplo** — sofort.
10. **munus, eris** n. — Leistung, Gefälligkeit; **gratus** — dankbar; **aestimare** — einschätzen; *Konstruktion* (a.c.i. Futur): **quando (plebeios) quae** (= **ea**) **munera . . . aestimaturos** (**esse**); *Konstruktion:* (Gerundivum): **si inter accipiendas . . . rogationes** (Anträge); **spes honoris** — Hoffnung auf ein Amt; **earum** = rogationum; **incidere** — abschneiden; **modestiae est** (Genetiv der Eigenschaft) — es ist ein Zeichen von B., es zeugt von B.; **id** — nur dies; **levare** = liberare; **iniuria** (Abl.) — zu Unrecht; **potens** — mächtig (die Patrizier!); **consequi** — erreichen; *Konstruktion:* **ut populus senes tribunicios** (die alten Ex-Tribune), **per quos (populus) ea consecutus sit, non tantum** (nicht nur) **sine honore, sed etiam sine spe honoris relinquat.**
11. **proinde** — daher; **apud animos** — mit sich, bei sich; **declarare** — erklären; **coniunctus** — gemeinsam; **esse:** „sei es angebracht"; **quod** — daß; **perferre** — durchsetzen.
12. **opus est** — es ist nötig; erforderlich; **invidiosus** — Neid erregend; beneidet; **continuatio** — Fortsetzung; **honoris:** tribunatus; *Konstruktion:* (a.c.i. Futur): **nec se . . . nec illos habituros** (**esse**).

KOMMENTAR

5. **dissimulando petebant:** Der erprobte und erfolgreiche Trick der Politiker, sich „bitten zu lassen".
6. Livius gibt die Worte der Tribunen indirekt wieder. Vielleicht will er der Rede damit größere Glaubwürdigkeit verleihen.
7. Zusammenfassung der senatorischen Obstruktion gegen die Gesetzesvorlagen.
8. **plebem morari:** Die Masse sucht nur Land und Schuldenerlaß. Beides scheint nun der Senat vage versprochen zu haben, wenn die Plebs nur auf Teilung der Macht verzichte. Das bringt Licinius und Sextius in einen üblen Verdacht!
10. Aufforderung zur Dankbarkeit hört man oft aus Politikermund.
11. Die Drohung mit dem Rücktritt gehört ebenso zum Politikerhandwerk, aber sie ist nur selten ernst gemeint. General de Gaulle z. B. trat zur Überraschung der Franzosen nach einer Abstimmungsniederlage tatsächlich vom Präsidentenamt zurück.

AUFGABEN

a) Mit welchen Mitteln versuchen Licinius und Sextius, die Unterstützung der Menge zu behalten? Urteilen Sie!
b) Überlegen Sie, ob man nach dem Angebot auf Landzuweisung und Schuldenerlaß nicht um des lieben Friedens willen auf die Forderungen nach einer Aufteilung der Macht hätte verzichten sollen!
c) Wie behandelt Livius, der Erfinder der Rede, diese Frage?

11. Appius Claudius antwortet (Livius VI, 40 1—2; 6—14)

40 Adversus tam obstinatam orationem tribunorum cum prae
indignitate rerum stupor silentiumque inde ceteros patrum
2 defixisset, Ap. Claudius Crassus, nepos decemviri, dicitur
odio magis iraque quam spe ad dissuadendum processisse
et locutus in hanc fere sententiam esse:

(Zusammenfassung der Sätze 3—5: Appius entschuldigt sich zunächst gleichsam für seine claudische, d. h. plebsfeindliche, Abstammung. In Wirklichkeit hätten die Claudier jedoch immer das Gesamtwohl des Staates und damit auch der Plebs verfolgt. So hätten die Claudier nicht „contra utilitatem“, sondern nur gelegentlich „contra voluntatem“ der Plebs gehandelt.
Daraufhin fordert er die Plebejer auf, ihn jetzt nicht als Claudier sondern als einfachen Bürger anzuhören:)

6 An hoc, si Claudiae familiae non sim nec ex patricio
sanguine ortus sed unus Quiritium quilibet, qui modo me
duobus ingenuis ortum et vivere in libera civitate sciam,
7 reticere possim L. illum Sextium et C. Licinium, perpetuos,
si dis placet, tribunos, tantum licentiae novem annis quibus
regnant sumpsisse, ut vobis negent potestatem liberam suf-
fragii non in comitiis, non in legibus iubendis se permissuros
esse?
8 „,Sub condicione“ inquit, „nos reficietis decimum
tribunos,“ Quid est aliud dicere „quod petunt alii, nos
adeo fastidimus ut sine mercede magna non accipiamus“?
9 Sed quae tandem ista merces est qua vos semper tribunos
plebis habeamus? „Ut rogationes“ inquit, „nostras, seu
placent seu displicent, seu utiles seu inutiles sunt, omnes
10 coniunctim accipiatis.“ Obsecro vos, Tarquinii tribuni
plebis, putate me ex media contione unum civem succlamare
„bona venia vestra liceat ex his rogationibus legere quas

ÜBERSETZUNGSHILFEN

1. **obstinatus** — stur, verstockt; **defigere** — erstarren lassen.
2. *Konstruktion:* **Claudius . . . dicitur** (n.c.i.!) **processisse . . .; dissuadere** — „umstimmen"; **in hanc sententiam** — in dieser Art und Weise.
6. *Konstruktion:* **an hoc . . . reticere** (verschweigen) **possim** (m. a.c.i.!); **si . . . non sim** (essem) = ich wäre; **ortus** — natus; **Quirites** — Bürger; *Konstruktion:* **qui (ego) . . . sciam** (a.c.i.!): **me ortum** (esse) **et vivere; ingenuus** — freigeboren; **duobus:** parentibus.
7. Satz 7 ist der a.c.i. nach possim! *Konstruktion:* **. . . Sextium et Licinium . . . tantum sumpsisse, ut . . .; dis** = deis; **licentia** — Willkür; *Konstruktion:* **ut vobis negent** (a.c.i.) **se permissuros esse; in legibus iubendis** (Gerundiv): „beim Verabschieden der Gesetze".
8. **reficere** — wiederwählen; **aliud (quam) dicere; fastidire** — ablehnen.
9. **seu — seu** = ob . . . ob (oder); **coniunctim** — auf einmal.
10. **obsecrare** — beschwören; *Konstruktion:* **putate** (a.c.i.): **me . . . unum civem** (als ein B.) **succlamare . . .; succlamare** — zurufen; **bona venia** — gütige Erlaubnis, Nachsicht; **quas . . . censemus esse** (a.c.i. i. Relativsatz): die, wie wir meinen, . . .; **antiquare** — ablehnen; **alias:** alias rogationes.

KOMMENTAR

In der Gestalt des Appius Claudius tritt uns wieder einmal ein typischer Vertreter dieses stolzen Geschlechts entgegen. Livius legt ihm eine umfangreiche, glänzend aufgebaute Rede in den Mund, die von der Kunst der klassischen Rhetorik bestimmt ist. In dieser Form, gewissermaßen als Schüler Ciceros, kann Appius die Rede gar nicht gehalten haben.
Vom Inhaltlichen her bringt sie noch einmal in Zusammenfassung alle patrizischen Argumente. Besonders auffallend ist dabei die Dialogform, in der Claudius argumentiert: Er führt gewissermaßen ein Zwiegespräch mit Licinius, der bei diesem Rededuell natürlich ziemlich schlecht abschneidet.
2. **dicitur:** Livius gibt die Zweifel an der Echtheit der Rede offen zu.
6. **Quirites:** Alte Bezeichnung der Sabiner aus der Stadt Cures. Nach der Vereinigung mit den Römern geht die Bezeichnung im Sinne „Bürger" auf alle Römer über und wird wegen ihres Alters gerne von Rednern als erhabene Anrede gebraucht.
10. **Tarquinii tribuni:** Die lange „Herrschaft" der Tribunen vergleicht Appius mit der Tyrannei der tarquinischen Könige.

11 salubres nobis censemus esse, antiquare alias." „Non"
inquit, „licebit tu de fenore atque agris quod ad vos omnes
pertinet iubeas et hoc portenti non fiat in urbe Romana uti
L. Sextium atque hunc C. Licinium consules, quod indigna-
ris, quod abominaris, videas; aut omnia accipe, aut nihil
12 fero"; ut si quis ei quem urgeat fames venenum ponat cum
cibo et aut abstinere eo quod vitale sit iubeat aut mortiferum
vitali admisceat. Ergo si esset libera haec civitas, non tibi
frequentes succlamassent „abi hinc cum tribunatibus ac
rogationibus tuis"? Quid? si tu non tuleris quod com-
13 modum est populo accipere, nemo erit qui ferat? Illud si quis
patricius, si quis, quod illi volunt invidiosius esse, Claudius
diceret „aut omnia accipite, aut nihil fero", quis vestrum,
Quirites, ferret? Numquamne vos res potius quam auctores
14 spectabitis sed omnia semper quae magistratus ille dicet
secundis auribus, quae ab nostrum quo dicentur adversis
accipietis?

Dann wendet sich Claudius zwei weiteren Themen zu:
Zunächst legt er schonungslos offen, warum die Tribunen einen plebejischen Konsul gesetzlich verlangen: Andernfalls würden die plebejischen Bewerber im freien Wettbewerb den Patriziern unterliegen. Solle etwa ein Camillus zurückgewiesen werden, wenn nur ein unfähiger Plebejer kandidiere, der dann gewählt werden müsse? Appius wirft den Tribunen vor, schon wie Könige zu regieren.
Dann führt er religiöse Gründe ins Feld, die uns heute nicht mehr überzeugen: Nach der geheiligten Tradition besitze kein Plebejer die „Auspizien", d. h., er könne keine Führungsposition im Staate einnehmen.
Appius fordert eine glatte Ablehnung der Licinisch-Sextischen Anträge (VI, 40, 15—20; 41).

ÜBERSETZUNGSHILFEN

11. **licebit, tu iubeas, hoc . . . fiat:** Konjunktiv statt a.c.i.; **portentum** — Wunder(zeichen); **hoc portenti** (Gen.!) dieses Wunder; **hoc . . . non fiat:** ohne daß dies geschieht, daß . . . ; **indignari** — ablehnen; **abominari** — verwünschen; **ferre** — „beantragen".
12. **urgere, eo** — bedrängen; **fames** — Hunger; **venenum** — Gift; **ponere** — „reichen"; **abstinere** (Ablativ!) — abweisen; **vitalis** — „lebensnotwendig"; **mortiferus** — todbringend, tödlich; **si esset:** Irrealis!
13. **quis** = aliquis; (**id**), **quod illi** (**tribuni**) **volunt . . .** (a.c.i. im Relativsatz); **invidiosus** — Neid, Haß erregend; **fero:** s. Satz 12; **ferret:** ferre — ertragen; **fero** — ferret: Wortspielerei! **invidiosior:** in besonderer Weise Haß erregend (Komparativ!)
14. **secundis auribus:** „mit offenen Ohren"; *Konstruktion:* **ab** (**ali**)**quo nostrum** = patrum; **adversis** (auribus) — mit verschlossenen Ohren; **accipere** — „hören".

AUFGABEN

a) Fassen Sie die Argumente des Redners zusammen!
b) Untersuchen Sie diese Argumente kritisch!
c) Vergleichen Sie die (indirekte) Rede des Licinius mit der des Appius Claudius!
d) Versuchen Sie zu entscheiden, wer die besseren Argumente hat!
e) Arbeiten Sie den Standpunkt des Livius (seiner Quellen) heraus! (Z. B. besitzt die Rede des Claudius ungefähr den fünffachen Umfang der licinischen!)

12. Erster großer Erfolg der Plebs und Galliergefahr

(Livius VI, 42, 1—4; 7—8 gekürzt)

42 Oratio Appi ad id modo valuit ut tempus rogationum
2 iubendarum proferretur. Refecti decumum iidem tribuni,
Sextius et Licinius, de decemviris sacrorum ex parte de
plebe creandis legem pertulere. Creati quinque patrum,
quinque plebis; graduque eo iam via facta ad consulatum
3 videbatur. Hac victoria contenta plebes cessit patribus ut
in praesentia consulum mentione omissa tribuni militum
crearentur. Creati A. et M. Cornelii iterum M. Geganius
P. Manlius L. Veturius P. Valerius sextum.

4 Cum praeter Velitrarum obsidionem, tardi magis rem
exitus quam dubii, quietae externae res Romanis essent,
fama repens belli Gallici allata perpulit civitatem ut M.
Furius dictator quintum diceretur. Is T. Quinctium Poenum
5 magistrum equitum dixit.
7 Nec dubia nec difficilis Romanis, quamquam ingentem Galli
terrorem memoria pristinae cladis attulerant, victoria fuit.
Multa milia barbarorum in acie, multa captis castris caesa;
8 Dictatori consensu patrum plebisque triumphus decretus.

ÜBERSETZUNGSHILFEN

1. **valere** — „bewirken"; **proferre** — verschieben.
2. **gradus** — Schritt.
3. **cedere** — „nachgeben"; **omittere** — aus-, weglassen.
4. **perpellere** — „veranlassen".
7. **caesa:** caedere — erschlagen.
8. **decretus** (est): decernere — beschließen.

KOMMENTAR

1. Ob die Rede überhaupt Wirkung zeigte, oder ob die Verschiebung durch den Kelteneinbruch bedingt war, muß offen bleiben.
2. Die Dezemvirn werden gewählt. Dies ist ein Durchbruchserlebnis für die Plebs. Livius kommentiert es denkbar knapp: „gradu ... videbatur".
3. Wieder einmal werden nur Patrizier gewählt. Da kann man Licinius mit seinen entschiedenen Forderungen verstehen.
4. Vermutlich nur ein plündernder Reiterschwarm. Camillus: Wer sonst?
7. **nec dubia nec difficilis:** Alliteration!
multa milia: Vermutlich eine Übertreibung: „Viel Feind', viel Ehr'".

AUFGABEN

2. **decemviri:** Beurteilen Sie die Bedeutung dieser Neuordnung!
3. Warum werden nur Patrizier gewählt? (Das Amt steht den Plebejern offen!)

13. Der große Kompromiß (Livius VI, 42, 9—14/VII, 1,1—2)

9 Vixdum perfunctum eum bello atrocior domi seditio ex-
cepit, et per ingentia certamina dictator senatusque victus,
ut rogationes tribuniciae acciperentur; et comitia consulum
adversa nobilitate habita, quibus L. Sextius de plebe primus
10 consul factus. Et ne is quidem finis certaminum fuit. Quia
patricii se auctores futuros negabant, prope secessionem
plebis res terribilesque alias minas civilium certaminum
11 venit cum tandem per dictatorem condicionibus sedatae dis-
cordiae sunt concessumque ab nobilitate plebi de consule
plebeio, a plebe nobilitati de praetore uno qui ius in urbe
12 diceret ex patribus creando. Ita ab diutina ira tandem in
concordiam redactis ordinibus, cum dignam eam rem senatus
censeret esse meritoque id, si quando unquam alias, deum
immortalium [causa libenter facturos] fore ut ludi maximi
13 fierent et dies unus ad triduum adiceretur, recusantibus id
munus aedilibus plebis, conclamatum a patriciis est iuveni-
bus se id honoris deum immortalium causa libenter facturos
14 [ut aediles fierent]. Quibus cum ab universis gratiae actae
essent, factum senatus consultum, ut, duumviros aediles ex
patribus dictator populum rogaret, patres auctores omnibus
eius anni comitiis fierent.

ÜBERSETZUNGSHILFEN

9. **vixdum** — kaum erst; **perfungi** — sein Amt niederlegen; **bello** — quam bellum; **excipere** — „ausbrechen"; **victus:** victus est; **adversa nobilitate:** abl. abs. = unter Ablehnung des (durch den) Adels; *Konstruktion:* **comitia . . . habita (sunt)**.
10. **auctor** — Befürworter.
11. **cum:** da; **sedare** — beruhigen; **diceret:** sprechen **sollte;** *Konstruktion:* **de praetore uno . . . ex patribus creando.**
12. Die Sätze 12 u. 13 bilden eine einzige nicht immer eindeutig überlieferte Periode. Der kurze Hauptsatz findet sich erst in 13: **conclamatum . . . iuvenibus**. Jedoch läßt sich diese Periode gut der Reihe nach übersetzen. Teils benutzt Livius den abl. abs., teils cum-Sätze mit a.c.i. Wir übersetzen am besten jeweils mit „als . . ."
1. Teil: (**ita . . . ordinibus**): **diutinus** — andauernd; **redigere** — zurückbringen; **redactis ordinibus** (abl. abs.): als . . .

2. Teil: [cum (= und als) censeret esse]: *Konstruktion:* **cum senatus censeret** (a.c.i.): eam rem dignam esse ...
3. Teil: (**meritoque . . . fore ut**): abhängig von censerent, also a.c.i.: **merito** (zu Recht) **id** (**se facturos**) **fore, ut . . .**; eingeschoben: **si** (**aliquando**) **umquam alias** = „wenn überhaupt jemals"; **deum** = deorum; **facturos fore**: sie würden dafür sorgen, daß ..., es sein werde, daß ...).
4. Teil: [ut (= daß) adiceretur]: **fieri** — „veranstaltet werden"; **adicere** — hinzufügen.
5. Teil: (**recusantibus . . . facturos**): recusantibus aedilibus: „als aber die ..."; *Konstruktion:* **conclamatum est a patriciis iuvenibus** (a.c.i.): se ... facturos ...; **id honoris** = honorem; **honorem facere** — „das Amt übernehmen".
14. **gratias agere** — danken; **ut patres auctores fierent:** daß die Senatoren Zustimmende sein würden = sie sollten zustimmen.

KOMMENTAR

9. **per ingentia certamina:** In Rom herrscht die Anarchie, der Bürgerkrieg. Es muß Tote und Verletzte gegeben haben. Doch Livius will davon nicht sprechen.
acciperentur: Von der plebejischen Volksversammlung, der nach der Tradition die gesetzgebende Gewalt nicht gehörte. Die Licinischen Gesetze bleiben revolutionär und werden vom Adel nicht anerkannt: adversa nobilitate! Die patres weichen nur der Gewalt des Augenblicks. Die angestrebte Zweiteilung des „imperium" des Prätors (Konsulatsverfassung) wird abgelehnt.
11./12. Der Kompromißvorschlag des Prätors Maximus („dictator"). das „imperium" zu dritteln und einen Teil davon der Plebs zugänglich zu machen, findet Zustimmung.
ludi maximi: (oder magni): Ursprünglich Wagenrennen, später allgemeine Spiele. Die plebejischen Ädile besaßen nach der Tradition die Aufgabe, diese Spiele durchzuführen. Dies war sehr kostspielig!
13. Daher weigern sich die (zu armen ?) Aedile, diese Aufgabe zu übernehmen, und es kommt zur Einsetzung der „curulischen" patrizischen Aedile. „Curulisch" wurden die höchsten Staatsämter (magistratus) genannt: abgeleitet von currus = Wagen. Diese Magistrate fuhren auf einem Wagen und thronten auf der elfenbeinbelegten „sella curulis", dem „Wagensitz". Dieser galt als Amtsabzeichen. Plebejern standen die curulischen Magistrate zunächst nicht offen. Im und nach dem Ständekampf erstritten sich die Plebejer jedoch allmählich den Zugang zu sämtlichen curulischen Ämtern.

LIBER VII

1 Annus hic erit insignis novi hominis consulatu, insignis novis duobus magistratibus, praetura et curuli aedilitate; hos sibi patricii quaesivere honores pro concesso plebi altero
2 consulatu. Plebes consulatum L. Sextio, cuius lege partus erat, dedit.

ÜBERSETZUNGSHILFEN

VII, 1, 1

insignis — auffallend; **quaesivere** (quaesiverunt): quaerere — „erwerben".

KOMMENTAR

1. **praetura:** Wie schon oft gesagt, ist die Prätur nicht erst hier entstanden, sondern nur die prätorische Macht auf drei Amtsträger verteilt worden. Rom besitzt nun für seine zwei Legionen zwei Befehlshaber mit dem imperium des alten Prätors im militärischen Bereich. Der dritte Machthaber, der den Namen Prätor behält, übernimmt den zivilen Bereich in der Stadt. Dem Namen nach ist er der ranghöchste der drei Regierenden, aber die militärische Macht der beiden Konsuln dürfte ihn bald auf die spätere Position eines Oberrichters abgedrängt haben. Formell blieb das imperium ungeteilt, indem jeder dieser drei Männer durch Interzession die Amtshandlung der anderen verbieten konnte (Prinzip der Kollegialität). Die militärischen Befehlshaber (Konsuln) werden sich jedoch in ihrem Bereich nicht mehr der Interzession des rein zivilen Prätors gebeugt haben.

Auch den Plebejern wurde später die Bewerbung um die Prätur gestattet.

AUFGABEN

a) Schildern Sie mit eigenen Worten das Ende des Ständekampfes!
b) Beurteilen Sie den hier gefundenen Kompromiß!
c) Warum wurde mit Erreichen dieses Zieles (abgesehen von einigen Nachspielen) der Kampf der Plebs gegen die Patrizier beendet?
d) Wie stellen Sie sich die Lösung des Problems vor?

14. Würdigung der Reform durch einen modernen Historiker

(aus: Jochen Bleicken, Rom und Italien, in: Propyläen Weltgeschichte. 4. Bd: Rom und die Römische Welt. Propyläen Verlag, Berlin-Frankfurt-Wien 1962. S. 68 ff.)

Im Jahre 367 endlich war es so weit, daß die völlige Erschöpfung auf beiden Seiten zu einem Ausgleich drängte. Die Patrizier sahen ein, daß sie auf die Dauer den kürzeren ziehen mußten, und überdies drängte die außenpolitische Lage auf schnelle Erledigung der inneren Spannungen.

Man schloß einen Kompromiß und kam überein, in Zukunft drei höchste Beamte zu wählen, die alle drei die oberste Feldherrngewalt, das Imperium, erhalten sollten; von diesen dreien durfte einer plebejischer Herkunft sein. Damit waren die Plebejer in das oberste Amt eingedrungen, ohne daß freilich die Patrizier das Übergewicht in der obersten Behörde verloren hätten ...

Im Jahre 367 oder doch kurz danach mußte das Heer neu organisiert werden. Die zahlreichen Aufgebote *(tribus)* mit ihren vielen Militärtribunen, deren Anzahl immer wieder wechselte, hatten sich für eine konzentrierte Heerführung als unpraktisch erwiesen. Die Wehrkraft Roms bestand jetzt aus etwa sechstausend Fußsoldaten und sechshundert Reitern; hinzu kamen Leichtbewaffnete und die Kontingente der Bundesgenossen. Ein einziger Beamter, wie bisher der Praetor maximus, konnte also die Heerführung nur noch schwer bewältigen, zumal es bisweilen zwei Kriegsschauplätze gleichzeitig gab und schon deshalb mehr selbständige Truppenführer gebraucht wurden. So teilte man das Aufgebot in zwei Heeresabteilungen und wies jeder dreitausend Soldaten, dreihundert Reiter und entsprechend Leichtbewaffnete und bundesgenössische Truppen zu. Die neue Formation nannte man *legio* (von *legere*, lesen, sammeln; vom Sammeln der Soldaten bei der Aushebung); das römische Heer war nun in zwei Legionen gegliedert. Zwei der drei obersten Beamten erhielten je eine Legion, und zwar ein Patrizier und der Plebejer, wenn einer der drei Plebejer war. Man konnte das Heereskommando dem plebejischen Oberbeamten nicht verwehren, weil der Kriegsdienst gerade die Plebejer am schwersten belastete. Die Militärtribune fielen als selbständige Kommandeure weg. Die beiden Führer der Legionen nannte man *consules* (von *con-salire*, zusammenspringen), um damit zum Ausdruck zu bringen, daß die beiden Heerführer gemeinsam handeln, daß sie zusammenarbeiten sollten. Die Römer erkannten sehr wohl die Gefahr, die in der Aufteilung der obersten Heeresführung lag. Um die Einheit der Führung, die bisher durch den Praetor maximus gesichert war, zu wahren, entwickelten sie die besondere

Form der römischen Kollegialität. Die Konsuln bildeten ein Kollegium, das heißt, jeder war im Prinzip für die gesamte Kriegführung und für das gesamte Heer, also für beide Legionen, zuständig. Praktisch kämpfte zwar jeder Konsul mit seiner Legion allein; doch zeigte sich die Einheit des Amtes darin, daß der eine Konsul jede Aktion des anderen verbieten konnte (Interzession). Umgekehrt gaben die Konsuln bei Nichteinlegung des Verbots zu erkennen, daß sie der gemeinsamen Staatsführung zustimmten.

Der dritte Oberbeamte gehörte ursprünglich gleichfalls zu diesem Kollegium; er besaß das Imperium wie die Konsuln, also auch die Eigenschaft des Heerführers. Da er aber keine der beiden Legionen hatte, konnte er sich als Heerführer nur dann ausweisen, wenn in Notzeiten ein außerordentlicher dritter General gebraucht wurde. Normalerweise wurde dem dritten obersten Magistrat eine Sonderfunktion übertragen: er hatte in der Stadt Rom, soweit sich der Staat überhaupt damit befaßte, Recht zu sprechen. Auch die Rechtsprechung ruhte auf dem Imperium, nachdem der Praetor maximus vor allem während der Ständekämpfe sich ihrer bemächtigt und das ursprünglich fast nur militärische Imperium auch gegen Zivilisten in Rom eingesetzt hatte. Im Zivilrecht war der Staat ebenfalls immer mehr in die alten Rechte der Geschlechter eingedrungen. Alle diese Zuständigkeiten der Rechtsprechung übernahm nun der dritte Oberbeamte. Zunächst war dieser, der seiner Kompetenzen wegen in Rom blieb und im Gegensatz zu den Konsuln als „Verwaltungsbeamter" der obersten Behörde gelten konnte, das Oberhaupt des Kollegiums und gleichsam der Nachfolger des Praetor maximus, dessen verkürzte Amtsbezeichnung er auch übernahm: Prätor. Die Plebejer konnten es ruhig wagen, dieses Amt einem Patrizier zu überlassen, da es durch die Trennung von Heerführung und Jurisdiktion in Rom seine Omnipotenz verloren hatte.

Achtes Kapitel: Schlußbetrachtungen

1. Einleitung

Nach über zehnjährigem, erbitterten Ringen waren Schuldentilgung, Ackergesetz, plebejische Priester und ein plebejischer Konsul durchgesetzt. Licinius und Sextius sahen sich am Ziel ihrer Wünsche und bewarben sich erfolgreich um den Konsulat. Sie waren reich genug, um sich den teuren Luxus der (ehrenamtlichen) Machtausübung leisten zu können.
Und der Kleinbauer? Vielleicht war er stolz auf seine Standesgenossen an der Spitze des Staates. Jeder, so wird man gesagt haben, kann sich nun dorthin hocharbeiten. Wirklich jeder?
Vielleicht war der Bauer auch nur froh, wenigstens die schlimmsten Schulden losgeworden zu sein, auch wenn er zornerfüllt bemerken mußte, wie ihm die großbäuerlichen Nachbarn, unter denen viele Plebejer waren, eine übermächtige Konkurrenz wurden. Galt das Ackergesetz noch?
Er wird sich seufzend auf seinen Pflug gestützt und unter der heißen Sonne Italiens auf die Trägheit des Ochsengespanns geschimpft haben.
Sicher war er froh, wenn er wenigstens einen Sommer einmal nicht in den Krieg ziehen mußte. Die Rüstung, die er zu stellen hatte, war schon wieder unbrauchbar und vor einem neuerlichen „nexum“ graute es ihm ... Es war schon seltsam, daß Rom immer von Feinden umgeben war, die man, um sich vor ihnen zu schützen, nacheinander in das „Imperium Romanum“ hineinzwang und unterwarf.
Oder hat er auf die plebejischen Politiker geschimpft: Sie seien jetzt ganz oben im Staate, im Senat. Aber dort benähmen sie sich wie der älteste Adel. Mit der Plebs wollten die eitlen Herren „conscripti“ nichts mehr zu tun haben.
Was dachten wohl die Patrizier? Voll Verachtung werden sie notgedrungen die Neureichen, diese „homines novi“, in den Senat aufgenommen haben, nicht aber, ohne ihnen auf dem steilen Aufstiegspfad jeden nur verfügbaren Knüppel zwischen die Beine geworfen zu haben.
Die plebejischen Senatsmitglieder haben die Revolutionszeit schnellstens vergessen und benahmen sich so stolz und vornehm (nobilis!) wie nur jeder Patrizier, ja, um nur nicht aufzufallen, waren sie, wenn es ging, sogar noch konservativer als die „echten“ Patrizier. Cicero und Cato d. Ä. sind sprechende Beispiele dafür.

2. Licinius und sein Ackergesetz (Livius VII, 16, 9)

C. Licinius Stolo, die treibende Kraft der Reformen, 364 und 361 Konsul, wurde 357 unter Anklage gestellt:

9 Eodem anno C. Licinius Stolo a M. Popilio Laenate sua lege decem milibus aeris est damnatus, quod mille iugerum agri cum filio possideret emancupandoque filium fraudem legi fecisset.

ÜBERSETZUNGSHILFEN

decem milibus aeris = 10000 Pfund Kupfer; **emancupare** — für volljährig erklären; **fraus** — Schaden.

KOMMENTAR

Popilio: M. Popilius Laenas war führender und sehr tüchtiger Plebejer. Er bekleidete mehrfach den Konsulat.
aeris: Die Münzprägung ist noch unbekannt.

AUFGABEN

a) Beurteilen Sie das Verhalten des Licinius!
b) Warum wird ausgerechnet Licinius angeklagt?
c) Welche Aussichten hat das licinische Ackergesetz?

3. Die Patrizier erobern den Konsulat zurück
(Livius VII, 17, 12—13; VII, 18, 1)

Der Streit um die Macht begann erneut, und die Plebejer konnten sich immer seltener durchsetzen. Man gestattete „verhältnismäßig vielen Familien den Zugang zu den niederen Ämtern, aber nur sehr wenigen den Aufstieg zu den höchsten ... Fast alle (homines novi) haben sich der Gesellschaftstradition gefügt, viele unter ihnen wie der alte Cato und Cicero sind leidenschaftliche und überzeugte Vorkämpfer der konservativen Idee geworden".
(Taeger, a.a.O. 495)

12 In secundo interregno orta contentio est, quod duo patricii
consules creabantur, intercedentibusque tribunis interrex
Fabius aiebat in duodecim tabulis legem esse ut, quodcum-
que postremum populus iussisset, id ius ratumque esset;
13 iussum populi et suffragia esse. Cum intercedendo tribuni
nihil aliud quam ut different comitia valuissent, duo patricii
consules creati sunt, C. Sulpicius Peticus tertium M. Valerius
18 Publicola eodemque die magistratum inierunt, quadringen-
tesimo anno quam urbs Romana condita erat, quinto trice-
simo quam a Gallis reciperata, ablato post undecimum
annum a plebe consulatu [patricii consules ambo ex inter-
regno magistratum iniere, C. Sulpicius Peticus tertium M. Va-
lerius Publicola].

ÜBERSETZUNGSHILFEN

13. **valere** — „erreichen".

KOMMENTAR

12. **duodecim tabulis:** Die genauen Bestimmungen sind unbekannt, mit populus müssen jedoch die einseitigen Centuriatcomitien gemeint sein, auf keinen Fall eine „Volkssouveränität" der Römer. Diese gab es nie.
13. **intercedendo:** Es zeigt sich wieder einmal, wie einseitig destruktiv das Amt des Volkstribunen ist!
C. S. Peticus: fünfmal Consul!
18, 1 Diesen bedeutenden Umschwung beschreibt Livius durch Mehrfachdatierung. Es ist wohl das Jahr 355 v. Chr. gemeint.

AUFGABEN

Beurteilen Sie die neue Lage!

4. Das „nexum“ bedroht noch immer die Plebs

(Livius VII, 19, 5—6[Anfang])

5 Non eadem domi quae militiae fortuna erat plebi Romanae. Nam etsi unciario fenore facto levata usura erat, sorte ipsa obruebantur inopes nexumque inibant; eo nec patricios ambo consules neque comitiorum curam publicave studia prae privatis incommodis plebs ad animum admittebat.
6 Consulatus uterque apud patricios manet; consules creati C. Sulpicius Peticus quartum M. Valerius Publicola iterum.

ÜBERSETZUNGSHILFEN

5. **erat:** esse + Dativ!; **unciario fenore** (abl. abs.) „nach Beschränkung des Zinsfußes auf 8 ⅓ Prozent; **sorte:** sorte credita: durch die Schulden; **obruere** — „bedrängen“; **eo** = daher; *Konstruktion:* . . . **plebs ad animum admittebat:** a) **nec patricios ambo consules** b) **neque comitiorum curam publicave studia.** **animum ad-mittere** — „zur Kenntnis nehmen“; **cura** — Teilnahme; **publica studia** — „Politik“.

KOMMENTAR

5. **militiae fortuna:** Roms italischer Siegeszug hat begonnen.
unciario fenore: Nach den Bestimmungen des Zwölftafelgesetzes (VIII, 18, a) wurde der Zinsfuß auf 1/12 des Kapitals begrenzt: pro As eine uncia = 1/12 As als Zins, das bedeutet 8 ⅓ Prozent (vermutlich pro Jahr).
sorte ipsa . . . nexum inibant: Die Licinischen Gesetze hatten eine vorübergehende und nur teilweise Entschuldung der armen Plebejer gebracht, aber die Ursachen des Übels bestanden weiter.
plebs . . . admittebat: Erinnert stark an VI, 34: „Schuldenlast lähmt die Plebs“ (hier in Kapitel 7, 2).

AUFGABEN

a) In welchem Zusammenhang steht die Lage der ärmeren Plebejer und die große Politik?
b) Welche Bedeutung hat die Reform für den kleinen Mann?
c) Woher kommen die Schulden so vieler Plebejer?

5. Schlußwort

Roms soziale Frage war also ungelöst. Doch blieb nach letzten innenpolitischen Nachwehen die Lage ruhig. Wie konnte dies gelingen?

Nach dem Ständekampf trat Rom seinen stürmischen Siegeszug in Italien und später rund um das Mittelmeer an. Für innere Querelen war keine Zeit, sie wurden zugedeckt.

Die führenden Plebejer, die den Ständekampf organisiert hatten, identifizierten sich voll und ganz mit der neuen Republik. Ihr verdankten sie Aufstieg und unermeßlichen Reichtum.

Als Rom aber nach der gnadenlosen Vernichtung Karthagos keinen äußeren Gegner mehr hatte, überkam diese scheinbar im Überfluß lebende Gesellschaft erneut die soziale Frage mit erschreckender Heftigkeit.

Diesmal waren es Patrizier ältesten Adels, die den Stein ins Rollen brachten: Ti. und C. Gracchus, mit denen das Jahrhundert der Bürgerkriege beginnt. Im Strudel dieses mit äußerster Brutalität geführten Konfliktes ist Roms Republik untergegangen.

Die soziale Frage erbten die Cäsaren.

Die Verfassung der Römischen Republik

Grundlagen und Entwicklung

Von Jochen Bleicken. 294 S. kart. UTB 460

In diesem Werk wird ein systematischer Überblick über die Verfassungsgeschichte Roms gegeben. Er umfaßt den Zeitraum von der Frühgeschichte des patrizischen Geschlechterstaates bis zum Ende der Republik.

Verfassungs- und Sozialgeschichte des Römischen Kaiserreiches

Von Jochen Bleicken.

Band 1. Das Kaisertum. Charakter und Wandel der monarchischen Herrschaft. Die kaiserliche Reichsverwaltung. Die soziale Gliederung im Reich.

352 S. kart. UTB 838

Band 2. Urbanisierung und Romanisierung. Die wirtschaftliche Entwicklung des Reiches. Der Wandel der Religiosität. Die Struktur der Außenpolitik. Quellen und Forschung.

304 S. kart. UTB 839

In der römischen Kaiserzeit bedeutete das Römische Reich für die in ihm lebenden Menschen die politische Organisation der gesamten ihnen bekannten Welt. In Fortführung der Verfassungsgeschichte der republikanischen Zeit werden in systematischer Form politische Verfassung und sozioökonomische Verhältnisse des Römischen Kaiserreiches dargestellt. Der besondere Vorzug des Werkes liegt in der Synthese von systematischer Analyse und entwicklungsgeschichtlicher Darstellung.

Ferdinand Schöningh, Paderborn

Elisabeth Erdmann

Römische Zivilisation an Rhein und Donau

Begegnungen zwischen Römern, Kelten und Germanen

Materialheft:
40 S. kart. zahlr. teils farbige Abb. und Karten, Best.-Nr. 15110

Arbeitsheft:
45 S. gel., Best.-Nr. 15111

Lehrerheft:
30 S. kart., Best.-Nr. 15112

Diese Unterrichtseinheit bietet einen epochenspezifischen Querschnitt. Das Zusammentreffen der römischen, keltischen und germanischen Zivilisationen steht als Beispiel für die Begegnung verschiedener Kulturen.
Die wechselseitige Beeinflussung aller drei Zivilisationen wird anschaulich gemacht. Naturgemäß tritt dabei die Welt der Römer aufgrund ihrer kulturellen Prägekraft stärker in den Vordergrund.
Die Schüler werden altersgemäß vor allem anhand von Bildquellen zur historischen Quellenarbeit hingeführt. Die Unterrichtseinheit ist in erster Linie für die Klassen 5 und 6 empfohlen, kann aber, wenn der Geschichtsunterricht erst in der Klasse 7 einsetzt, auch hier ohne Schwierigkeiten verwendet werden.

Inhalt

Zur Einführung:
I. Leben in einem römischen Kastell
II. Kelten und Germanen an Rhein und Donau
III. Die Kelten: Gesellschaft, Wirtschaft und Kultur
IV. Die Germanen: Gesellschaft, Wirtschaft und Kultur
V. Die Eroberung von Rhein- und Donauraum durch die Römer
VI. Der Limes
VII. Gesellschaft, Wirtschaft und Kultur im römischen Gebiet
  1. Das Straßensystem
  2. Städte- und Siedlungswesen
  3. Das Leben in Stadt und Land
  4. Das Finanz- und Wirtschaftssystem
  5. Kultur und Religion. Vermischung der Kulturen
VIII. Rückzug auf Rhein und Donau. Das Ende der römischen Herrschaft

---

Ferdinand Schöningh, Paderborn